わかる 栽培12か月

イチジク

大森直樹

趣味の園芸

目次

Column

JBP-Y.Itoh

鉢でも収穫が可能！

本書の使い方

本書はイチジクの栽培・管理について、1月から12月まで月ごとにわかりやすく解説しています。

●「イチジク栽培へのいざない」では、イチジクの魅力と基本情報、そして、おいしく育てやすい品種を紹介しています。

●「植えつけと仕立て方」では、イチジクの基本的な植えつけ方と、その後の仕立て方法を詳しく解説します。

●「12か月の作業と管理」では、月ごとの基本的な作業と管理を解説します。

●本書の解説は、特に表記していない場合は、関東地方以西を基準にしています。地域によって、生育のサイクルや収穫期がずれる場合があります。

●その年の気候や栽培場所の環境、管理の状態により、植物の生育状況は大きく左右されます。お住まいの地域の気候や植物の状態に合わせた管理を心がけてください。

イチジク栽培へのいざない

イチジクの果樹としての魅力を知っていただくために、プロフィールやおすすめの品種を紹介します。

P/JBP-Y.Itoh(p.4-5)

太古より栽培された重要作物

イチジクは、クワ科イチジク属の落葉低木です。この仲間には、観葉植物のインドゴムノキや、気根を垂らした独特の樹形で知られるガジュマルなどがあります。

原産地はアラビア半島南部。そういうと砂漠の植物と勘違いされそうですが、イチジクの原産地は比較的降水量もあり、温暖で肥沃な地帯です。栽培の歴史は古く、原産地に近い地中海沿岸では6千年以上前からといわれています。古代から重要な作物であったことは、古代エジプトの壁画に、ブドウとともにイチジクが描かれていることから、うかがい知ることができます。また、エデンの園で禁断の果実を食べたアダムとイブが、自分たちが裸であることに気づき、イチジクの葉でつくった腰みのを身につけたという『旧約聖書』のお話からも、その当時にふつうに栽培されていたことがわかります。

●日本へは江戸時代に渡来

イチジクが日本へ渡来したのは江戸時代のことで、ペルシャから中国を経て、長崎にもたらされました。そのときのイチジクが、現在も栽培されている'蓬萊柿《ほうらいし》'(別名：早生《わせ》日本種)'だと考えられています。当時は果樹としてではなく、薬用の木として伝わりました。そのためか、現在でもイチジクはさまざまな民間療法に用いられています。

トルコ南西部、収穫期のイチジクの大木。イチジクの原産地に近いトルコは生産量が世界一。地中海性気候で、夏はとても暑く乾燥するが、そんななかでもイチジクはすくすくと育ち、果実をつけている。［写真＝ *Mark Bolton/Britain On View/Getty Images*］

イチジクは、日本では生食するのがふつうだが、海外では干果（ドライフルーツ）にして利用することもしばしば。写真はトルコで撮影した、イチジクのドネル。イチジクにヘーゼルナッツを混ぜて円筒形に固めたもの（右）で、焼き肉料理のドネル・ケバブのように削ぎ切りして売られている（上）。

●植えつけの翌年から収穫できる

イチジクは、果樹なので永年性であり、家庭で育てても20年以上生き続けている木がざらにあります。栽培は非常に簡単で、結実の習性を理解しさえすれば、完熟したおいしい果実を収穫することができます。

原産地は亜熱帯的な温暖な地ですが、そのわりには耐寒性があり、品種による違いが大きいものの一時的であれば幼木では−7℃、成木で−8〜−12℃に耐えることができます。関東地方以西の平地であれば、幼木のときに防寒してやれば、問題なく栽培できます。

一般に、果樹は苗木を植えつけてから収穫できるようになるまで数年はかかります。しかし、イチジクは、適期の3月に植えつければ、翌年の夏には収穫できます。

●果菜類のように長期間収穫できる

果樹は、ふつう前年の枝や今年伸びた枝についた花芽が一斉に開花し、結実するので、1本の木で収穫期間は長いものでも2週間程度です。しかし、多くのイチジクは1本で2種類の果実を収穫でき、また一斉に結実することもないため、じつに4か月間ほどの長きにわたって収穫が楽しめます。

2種類の果実のひとつは**夏果**《なつか》といって、前年枝の先端についた果実が春になって成長し、6月から7月に熟すもの、もうひとつは**秋果**《あきか》といって、今年伸びた枝の生育に合わせて各節に結実し、夏から秋にかけて熟すものです。夏果は一度に収穫しますが、秋果は新梢の成長に合わせて果実も基部から順番に成熟してくるので、寒さで果実の生育が止まるまでの長い間楽しむことができます。

この秋果のでき方は、野菜のトマト、ナス、キュウリなどの果菜類と同じで、果樹ではイチジクだけにある特性です。野菜は1年生ですが、イチジクは翌年以降も同じ木で収穫をし続けることができますから、果樹でありながら野菜感覚で栽培が楽しめるわけです。

●栽培してこそ味わえる完熟果のおいしさ

イチジクの果実は、日もちせず、輸送のときに傷みやすいものです。そのため、スーパーなどに流通するイチジクは、果実が大きく、果皮が丈夫で傷みにくい'ドーフィン'など数品種しか並びません。それらの果実も、完熟果とはいいがたいものが多く見受けられます。家庭で育てれば、蜂蜜のような果汁がしたたり落ちるくらいの完熟果を味わうことができ、しかも市販されていない品種の果実の味も楽しむことができます。

イチジクの夏果と秋果。茶色い前年枝についている大きい果実が夏果、今年伸びた新梢（結果枝）についている小さな果実が秋果。夏果はそろそろ色づき始め、今年最初の収穫ももう間近。

育ててみたいイチジクの品種

●魅力的な品種がいっぱい

国内で栽培されている品種は、'蓬莱柿《ほうらいし》'（別名：早生《わせ》日本種）と'ドーフィン'の2品種でほぼ独占状態です。2品種以外では、'ホワイト・ゼノア'や'カドタ'、'ブラウン・ターキー'といった品種も比較的古くから国内で栽培されてはいますが、わずかなものでしかありません。

しかし、世界中にはおびただしい数の品種があり、近年、海外から多くの品種が導入されるようになってきました。小ぶりながら濃厚な味、さっぱりした味、皮が薄くて丸ごと食べられるもの、香りが強いものや、なかには果実の表面に斑《ふ》が入るといった変わったものなど、さまざまな品種があります。そうしたなかから、おいしさで厳選した品種を、以下のページで紹介します。

●苗木の購入は信頼のおけるお店で

イチジクは品種によって、樹勢や木の大きさに著しく差があり、また夏果専用、秋果専用、夏秋果兼用など果実の実る時期が異なり、管理・作業の方法が変わります。

したがって、品種名のはっきりした苗木を購入することが必要です。国内では、一部の品種の苗木が誤った名前で販売されていたりするので、苗木は信用のおける専門店で購入しましょう。

アーチペル

果重＝夏果は 80g 、秋果は 50g 程度。果皮＝銅色〜金色。果肉＝淡桃色で、内側は桃色。収穫時期＝夏果は 7 月下旬から、秋果は 8 月中旬〜 9 月下旬と短め。肉質が柔らかで、糖度が非常に高くて香りも強い。イチジク嫌いな人でもきっと食べられるおいしい品種。原産国はアメリカ。

Sanyo Noen

アーティナ

果重＝夏果は60g 、秋果は40g程度。果皮＝金色。果肉＝乳白色で、内側は淡黄褐色。収穫時期＝夏果は7月上旬から、秋果は8月中旬から。果実は小さいが、糖度が非常に高く、香りもよい。実つきが非常によいので家庭栽培に最適。原産国は不明。

Sanyo Noen

カドタ

果重＝夏果は60g、秋果は30〜60gで個体差が大きい。果皮＝黄緑色で光沢がある。果肉＝乳白色で、内側は淡桃色。収穫時期＝夏果は7月中旬、秋果は8月中旬から。とても甘く、蜜が浮き上がるくらいジューシーで、天然のジャムといってよいほど。原産国はイタリア。

Sanyo Noen

Sanyo Noen

カリフォルニア・ブラック

果重＝夏果は50〜60g 、秋果は40g程度と小ぶり。果皮＝紫黒色。果肉＝淡黄白色か淡桃白色で、内側は紅色。収穫時期＝夏果は7月中〜下旬、秋果は8月中旬から。甘く、ねっとりとした果肉の中に粒状のものがあり、食感が楽しい。寒さにはやや弱い。原産国はアメリカ。

Sanyo Noen

Takii Seed

ドウロウ

果重＝夏果は40g 、秋果は30g程度。果皮＝赤橙色。果肉＝全体にイチゴ色。収穫時期＝夏果は7月上旬から、秋果は8月下旬から。かなり甘いが、後味がすっきりしていて食べやすい。そのまま凍らせてシャーベットにしても。原産国は不明。

ドーフィン

果重＝夏果は150g程度、秋果は70～120g。果皮＝赤褐色か紫褐色。果肉＝乳白色か淡桃色で、内側は淡紫紅色。収穫時期＝夏果は7月上～中旬、秋果は8月中旬～10月下旬で、9月上旬がピーク。青果店で見かけるのはほとんどがこの品種。耐寒性は弱い。原産国はフランス。

バローネ

果重＝夏果は150～300g 、秋果は40～110g。果皮＝淡黄褐色～茶褐色。果肉＝全体に桃色。収穫時期＝夏果は6月下旬から、秋果は8月中旬～10月下旬。ねっとりとした肉質で、甘みも強い。夏果が非常に大きいが、甘さは秋果よりやや劣る。原産国はフランス。

Takii Seed

ブラウン・ターキー

果重＝夏果は 80g 、秋果は 50g 程度。果皮＝橙褐色。果肉＝淡黄白色で、内側は橙紅色。収穫時期＝夏果は 6 月下旬～ 7 月中旬、秋果は 8 月下旬～ 10 月下旬。ジューシーで、甘み、酸味、香りのバランスがよく、とてもおいしい品種。寒さに強く、木も大きくならないので家庭園芸に最適。原産国はアメリカ。

Sanyo Noen

Sanyo Noen

ブランズ・ウイック

果重＝夏果は 80g 、秋果は 60g 程度。果皮＝黄褐色～橙黄褐色。果肉＝淡黄白色で、内側は淡桃色。収穫時期＝夏果は７月中旬から、秋果は８月中旬から。ジャムなどへの加工向きで、裂果しやすいので収穫時期は雨に当てない。一部で‘ホワイト・ゼノア’と誤称されている。原産国はアメリカ。

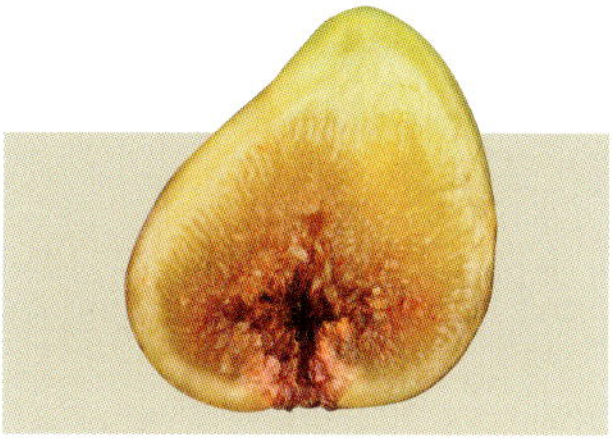

Takii Seed

ブリジアソット・グリース

果重＝夏果は 50g 、秋果は 30g 程度。果皮＝紫黒色。果肉＝淡黄白色で、内側は濃紅色。収穫時期＝夏果は少なめで７月中旬、秋果は８月下旬から。甘み、酸味ともに強い濃厚な味で、生食してもおいしいが、ジャムに向くと思われる。日もちもよい。原産国はスペイン。

Sanyo Noen

Sanyo Noen

ホワイト・ゼノア

果重＝夏果は 80g、秋果は 60g 程度。果皮＝黄緑色。果肉＝淡黄色で、内側は紅色。収穫時期＝夏果は 7 月上旬、秋果は 8 月中旬から。かなり甘くて芳香も強く、アメリカではケーキ用として有名な品種。完熟少し前で収穫するとよい。一部で‘ブランズ・ウイック’と混同されている。原産国はアメリカ。

Sanyo Noen

ロイヤル・ビンヤード

果重＝夏果、秋果ともに50g程度。果皮＝黄緑色～赤褐色で薄く、裂け目が多くできる。果肉＝乳白色で、内側は淡桃色。収穫時期＝夏果は7月上旬、秋果は8月中旬から。甘みが強いが、砂糖のような甘さでしつこくない。夏秋果兼用種だが、夏果がメインとなる。原産国はイギリス。

夏果専用種（サンペドロ系）

ザ・キング

果重＝80g程度。果皮＝鮮やかな緑色。果肉＝鮮桃色で、内側は淡桃色。収穫時期＝6月下旬から。肉質がなめらかで舌触りがよく、糖度も18度くらいあって味は極上。樹勢が強すぎないのでさまざまな仕立て方にも対応でき、実つきもよい。原産国はアメリカ。

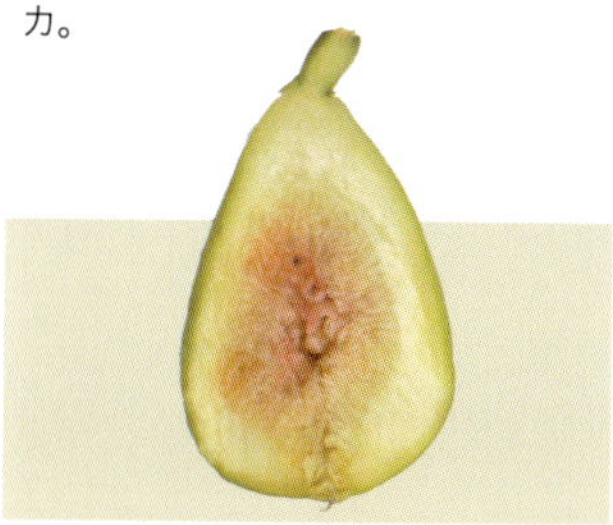

ビオレ・ドーフィン

果重＝100〜150g。果皮＝紫色。果肉＝黄色で、内側は紅色。収穫時期＝6月下旬〜7月上旬。古くに導入された品種で、大きな果実は食べごたえがある。果汁が多くて、甘みも強く、香りもまたすばらしい。ただし、収穫が梅雨どきなので雨よけが必要。原産国はフランス。

ゼブラ・スイート

果重＝40～50g。果皮＝緑と白の縞模様。果肉＝全体にイチゴ色。収穫時期＝8月下旬から。鮮やかなストライプが目を引き、観賞用と思われがちだが、糖度が高く、まるでジャムのような舌触りで、食べてもおいしい。家庭栽培用にイチ押しの品種。原産国はフランス。

セレスト

果重＝15～25gと小さめ。果皮＝赤紫色か紫褐色。果肉＝灰白色で、内側は淡紫紅。収穫時期＝8月上旬～9月中旬。果実は小さいが、濃厚な甘さで品質は最高級。生食はもちろん、ケーキやアイスクリーム、シャーベットなどへの利用もおすすめ。寒さに強い。大正時代に導入されたが、原産国は不明。

ネグローネ

果重＝20～30g。果皮＝紫黒色。果肉＝淡桃白色で、内側は淡紫紅色。収穫時期＝8月下旬から。黒くつややかな外観がとても美しく、裂果もほとんどない。ねっとりとした肉質で、酸味はやや強いがとてもおいしい人気品種。原産国はフランス。

Sanyo Noen

Takii Seed

ネグロ・ラルゴ

果重＝40～50g。果皮＝紫黒色。果肉＝淡黄白色で、内側は淡紫色。収穫時期＝8月中旬～10月下旬。酸味が若干強めだが、全体にバランスがとれていておいしい。‘ブラウン・ターキー’に非常によく似た味。裂果せず、日もちもよい。大正時代に導入された品種で、原産国はスペイン。

Sanyo Noen

Sanyo Noen

ビオレ・ソリエス

果重＝50～80g。果皮＝紫黒色。果肉＝全体に赤色。収穫時期＝7月中旬～11月上旬。市場でも人気の品種で、ジューシーさはないが、甘みが強くとてもおいしい。ただし、'ドーフィン'より一回り小さく、果実の数も少なめ。樹勢が非常に強い。原産国はフランス。

Sanyo Noen

Takii Seed

蓬莱柿《ほうらいし》（別名：早生《わせ》日本種）

果重＝60～80g。果皮＝赤紫色。果肉＝淡桃色で、内側は紅色。収穫時期＝9月上旬～11月上旬。果肉は柔らかく、裂果しやすい。酸味が強いが、独特の風味があって味は期待を裏切らない。樹勢が強く大樹となるが、寒さに強く東北地方でも栽培されている。乾燥にも強い。日本で最も古い品種。

Sanyo Noen

植えつけと仕立て方

イチジクの栽培を始めようという方のために、まず苗の植えつけの方法と仕立て方を解説します。

苗木の植えつけ

●植えつけの時期──3月上〜中旬が最適

これまで、イチジクの苗木は素掘り苗（畑から掘り上げ、土を落とした状態の苗）が一般的だったため、植えつけは休眠期（冬期）とされてきました。しかし、最近はポット植えで販売されているものも多くなり、ポット苗であれば植えつけは真夏と真冬を除き周年可能です。

とはいえ、最も失敗が少ない植えつけ適期は、関東地方以西では、庭植え、鉢植えとも3月上旬から中旬です。初心者であれば、できるだけこの最適期に植えつけるようにしましょう。冬でも霜があまり降りないような暖地なら11月下旬から12月上旬も最適期で、植えつけから本格的に寒くなるまでの間に根を張らせることができるので、春からの成長が格段によくなります。

●よい苗木の選び方

イチジクの場合、少々細く短い苗木であっても、根さえしっかりしていれば、その後の成長は非常に旺盛です。素掘り苗なら根が健全な苗木を選ぶことが重要です。根が確認できないポット苗なら、主幹がくねくねと曲がったものでなく、まっすぐに伸びているものを選びましょう。また、品種名が明示された、信頼のおける店で購入することも大切です。さし木をしてつくるさし木苗が一般的ですが、近年は株枯病対策としてつぎ木してつくられた苗も売られ始めています（44ページ参照）。

●用土と鉢

鉢植えは、たとえ大きな鉢でも庭植えに比べて根の伸長できるスペースが限られています。ですから、用土は非常に重要です。水もち（保水性）と水はけのバランスがとれて、肥料もち（保肥力）のよい用土であることが大切です。市販の園芸用培養土7、赤玉土中粒（または真砂土）3の配合土に、川砂を1割程度と苦土石灰一握りを混ぜたものなどがよいでしょう。

植えつけから少なくとも2～3年間は、根を鉢栽培に合ったものにつくり変え、希望の樹形づくりをしますから、鉢はスリット鉢を使うことをおすすめします（61ページ参照）。

●植えつけ場所

庭植えにする場合、日当たりがよく、適度に水はけと水もちのよい、しかも肥沃な土壌の場所が必要です。イチジクは水が好きな植物だと思われている方が多いようですが、あまりじめじめしたところでは、根の成長が劣り、果実の育ちも悪くなります。水はけがよくない場所では、盛り土をして植えつけましょう。

また、もともとイチジクが植えてあった場所に再度イチジクを植えると、木の成長が極端に劣ります（忌地《いやち》という）。同じ場所に植えるのはなるべく避け、どうしても避けられないときは、土を入れ替えるなどの対策が必要です。

スリット鉢で養生中のイチジク。

素掘り苗の鉢への植えつけ　最適期＝3月上〜中旬

鉢栽培に合った根につくり直すために、根の整理をきちんと行うことが大切です。

イチジクの素掘り苗。根を覆っていた水ゴケやビニールフィルムを取り除いたもの。

根を整理する。交差しているものなどは切って、根がきれいに広がるようにする。

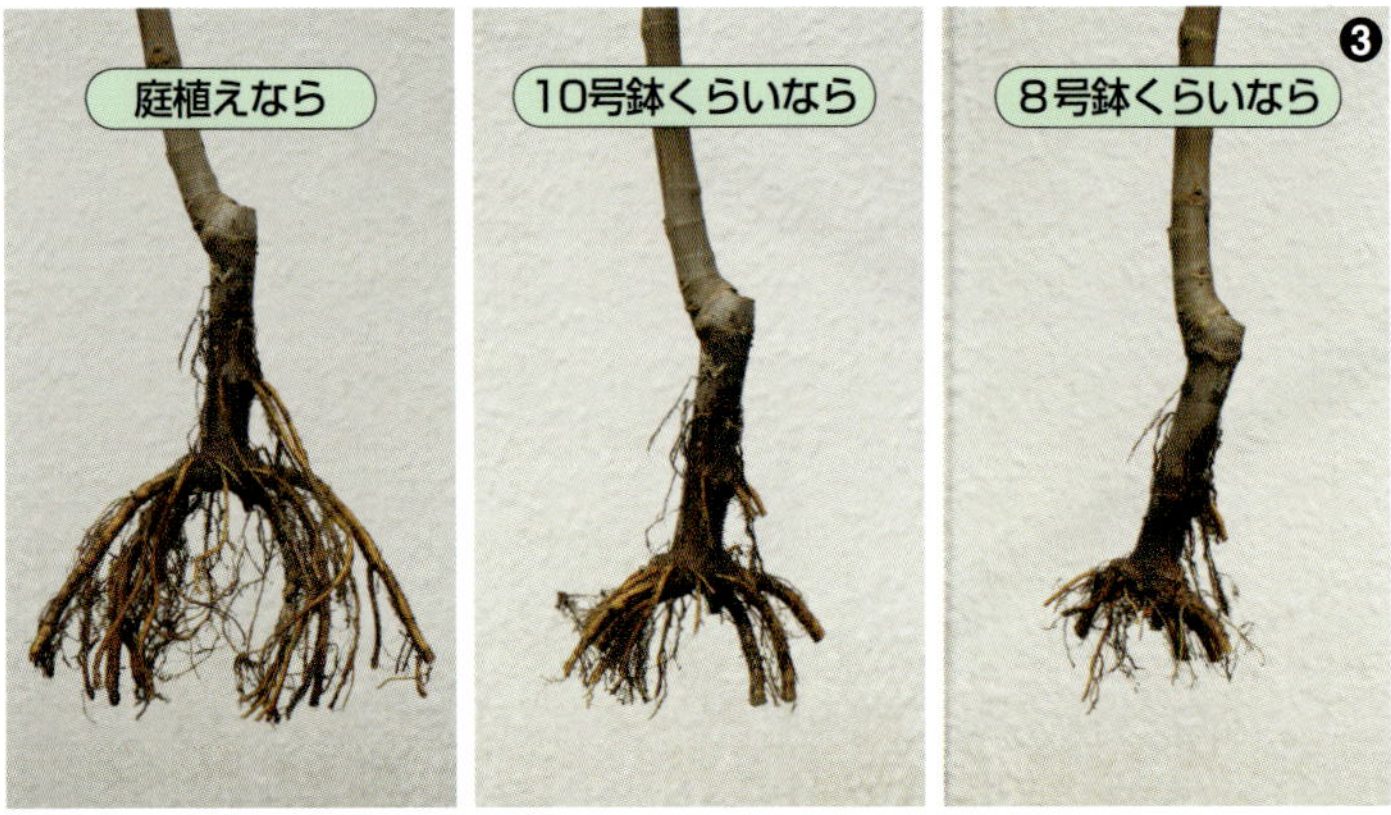

根を広げても鉢壁に当たらず、新しい根が伸びられるよう、鉢の大きさに合わせて根を切り詰める。

10号のスリット鉢に植えつける。鉢の3分の1（スリットが隠れるくらい）まで用土を入れ、鉢の中央になるように苗木を据える（鉢底石は不要）。

用土を鉢いっぱい入れる。

両手の指を広げて用土に垂直にさし込み、根と用土が密着するように用土を押し込む。同じ動作を90度鉢を回してもう一度行う。

指先も使って、上のほうの根も土と密着させる。終わったら、ウォータースペースを3～4cmとって用土を足す。

幹を高さ30cmほどに切り戻す。芽（節）の少し上で切る。

切り口から枯れ込まないように、木工用ボンドや癒合剤を塗って保護する。

なぜ支柱を立てる？

植えつけを行ったあとは、庭植え・鉢植えともに必ず支柱を立てます。

植えつけ直後は根と土とが十分に密着しておらず、また強い風が吹くと苗の地上部分が揺れて（特にイチジクは1つの葉の面積が大きく、風を受けたときの抵抗が強い）、そのたびに根が動いてしまいます。根はなかなか活着せず、初期生育が悪くなり、ひどい場合は枯死してしまいます。

また、支柱はただ立てればよいというのではなく、最も頻繁に強い風が吹いてくる方角に向けて斜めに立てましょう。角度は地面に対して45〜60度が適当です。8号など小さめの鉢植えの場合、支柱を斜めに立てるほどのスペースがないので、この場合は主幹に沿ってまっすぐに立てるようにし、なるべく強風に当たらない場所に置くなど注意します。

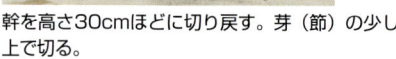

ぐらつかないように支柱を立てる。芽を避けて支柱を当て、幹を結束する。ここでは園芸用ゴムバンドを使用。

鉢底から流れ出すほどたっぷり水をやる。ジョウロの口を手で押さえて水の勢いを調節し、土をはね飛ばさないようにする。

●素掘り苗の鉢への植えつけ

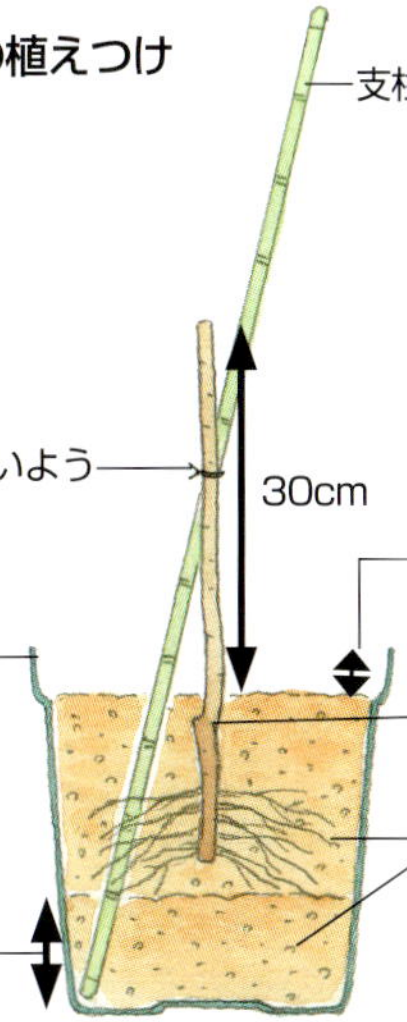
支柱（長さ1.2mほど）
ぐらつかないように結束する
ウォータースペースを3～4cmとる
10号のスリット鉢
分枝部がつぎ口のように見えても、さし木苗なら埋めてもよい
園芸用培養土7、赤玉土中粒（または真砂土）3の配合土に、川砂を1割程度と苦土石灰一握りを混ぜたもの
まず鉢の3分の1まで用土を入れる

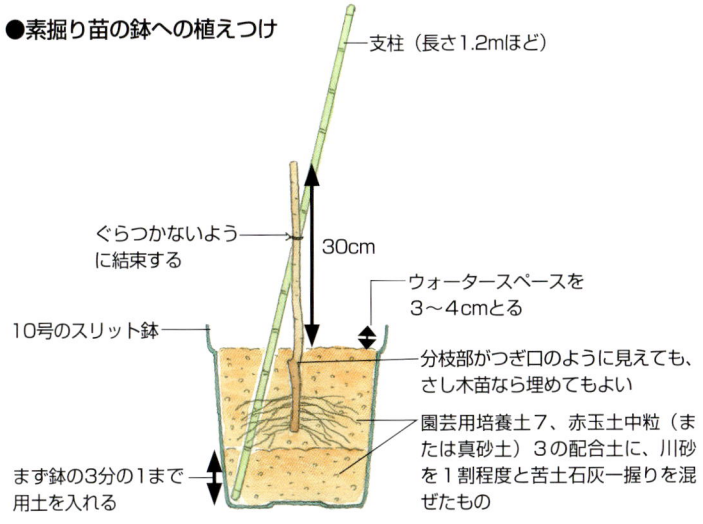

1年生ポット苗の鉢への植えつけ　適期＝2月下旬～7月上旬、9月下旬～12月上旬

●休眠中の苗は必ず根鉢をくずして根の整理をきちんと行ってから植えつけます。
●生育中の苗は根を切らずにそのまま植えつけます。

休眠中の1年生ポット苗（5号ポリポット）。

ポットから抜いたところ。根がいっぱいに張っている。

根切りナイフや小カマなどを使って、根鉢の上部と側面を厚さ1cmほど削り取る。株元を傷めないように注意する。

ノコギリを使って、根鉢の下部3分の1を切り取る。

ノコギリで、根鉢の側面に縦に5cm間隔で、深さ1cmほど（5号ポットの場合）の切れ込みを入れる。

根鉢の表面に出てきた根を切ってきれいに整える。

きれいに整った根鉢。この作業をきちんと行っておくと、植えつけ後の根の成長がよくなる。

10号のスリット鉢に植えつける。鉢の3分の1（スリットが隠れるくらい）まで用土を入れ、鉢の中央になるように苗木を据える。

用土を鉢いっぱいに入れる。

●ポット苗の鉢への植えつけ

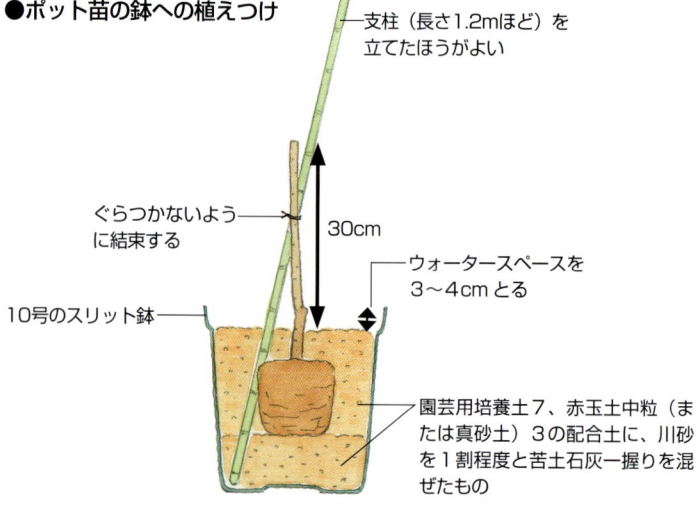

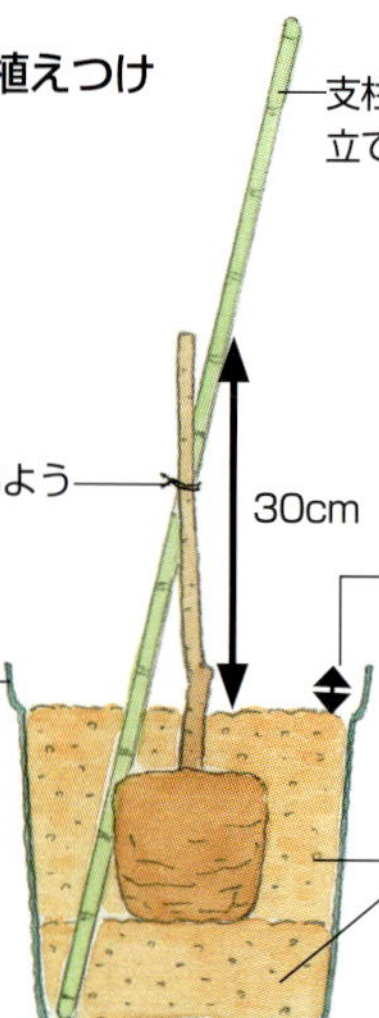

両手の指を広げて用土に垂直にさし込み、根と用土が密着するように用土を押し込む。同じ動作を90度鉢を回してもう一度行う。用土を足し表面を整える。

幹を高さ 30cm ほどに切り戻す。芽(節)の少し上で切る。７月以降に生育中の苗を植えた場合は切らず、落葉後に切る。

切り口から枯れ込まないように、木工用ボンドなどを塗って保護する。

鉢底から流れ出すほどたっぷり水をやる。ジョウロの口を手で押さえて水の勢いを調節し、土をはね飛ばさないようにする。

素掘り苗の庭への植えつけ　最適期＝3月上～中旬

事前にしっかりと土づくりをしておいた場所に、根が広がるように植えつけます。

●土づくり（植えつけの1か月以上前）

植え場所に、直径50cm、深さ50cmの穴を掘る。

掘り上げた土の上に堆肥をまく。西日本に多い砂質土（真砂土）なら40ℓ、東日本に多い火山灰土なら10ℓ程度とする。さらに苦土石灰200g、熔リン50gも同様にまく。

土と堆肥、肥料などをよく混ぜる。

穴に土を戻し、植えつけまでおいておく。

●植えつけ

埋め戻しておいた土を30cmほど掘り上げ、中心に苗木を据える。苗木は、交差した根を切るなどして、根がきれいに広がるように整理しておく（24ページ参照）。

根が隠れる程度、土を戻す。つぎ木苗の場合、つぎ口が隠れないように。

両手の指を広げて用土に垂直にさし込み、根と用土が密着するように用土を押し込む。同じ動作を90度体をずらしてもう一度行う。

さらに土を戻して平らにならす。

周囲に土を寄せて水鉢をつくる（水鉢は、与えた水を一時的にため、水を効率よくしみ込ませるための土手のこと）。

水鉢にたっぷり水をやる。

水が引いたら、支柱を夏に強い風が吹いてくる方向に向けて斜めに立てて、芽を避けて幹を結束する。

高さ 50cm ほどに幹を切り戻す。

植えつけ完了。土の乾燥防止に敷きわらや完熟堆肥などでマルチングをしておくとよい。

切り口から枯れ込まないように、木工用ボンドなどを塗って保護しておく。

●素掘り苗の庭への植えつけ

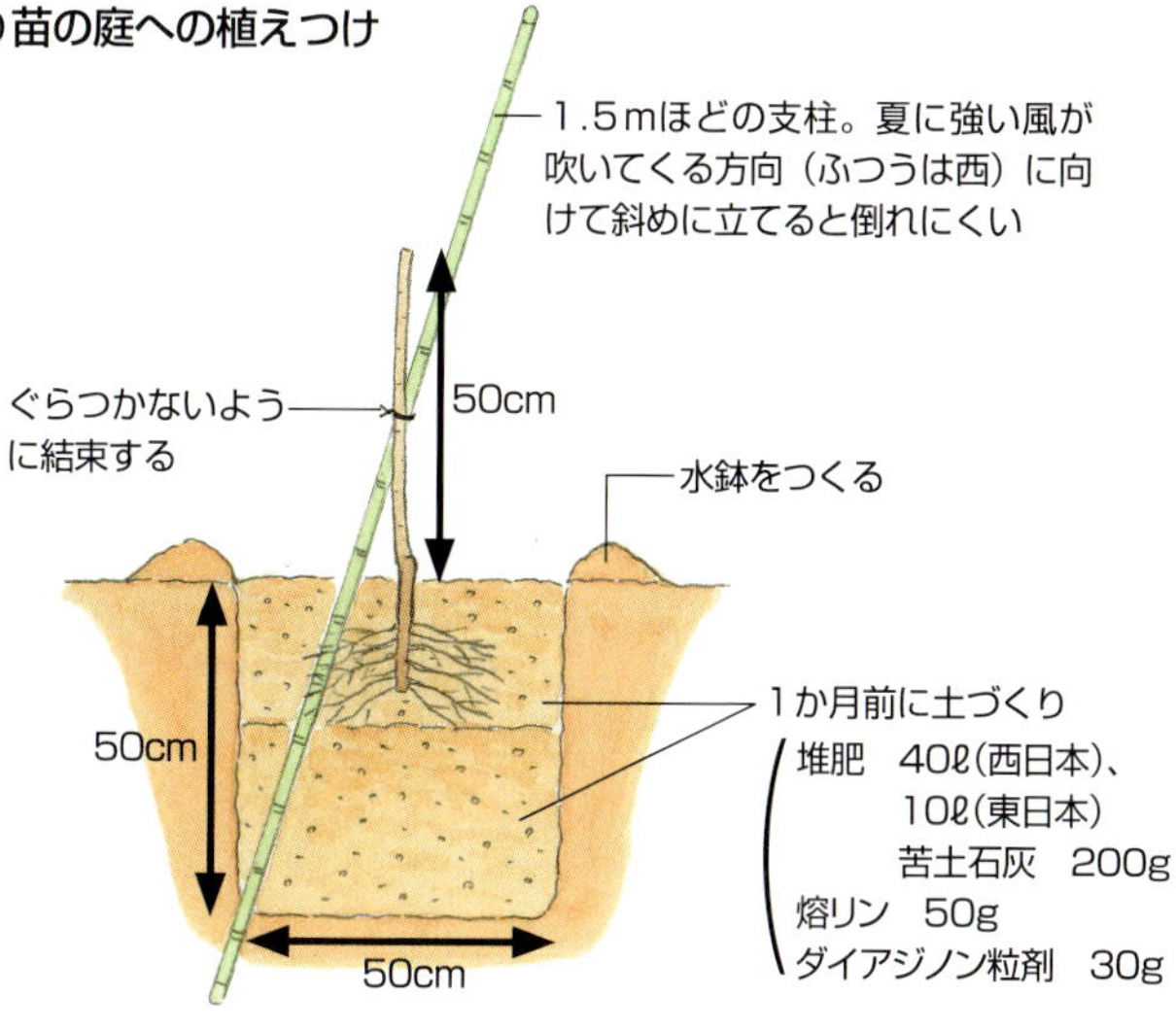

仕立て方

●なぜ植えつけ時に切り戻す？

イチジクは、早いものでは苗木の段階から果実をつけます。しかし、植えつけ時にもったいないからといって切り戻しをせずに植えると、さらに先端から新梢が伸びて、手の届かないようなところに果実がつくようになります。これでは、管理どころか収穫もままなりません。

●基本的な仕立ての考え方

木をコンパクトに保ち、おいしい果実を安定的にならせるには、植えつけ1年目は収穫は考えず、土台となる木の骨格＝主幹や主枝をつくることを主眼とします。**主幹**は、地上部で直立し、木の中心となる茎のことで、**主枝**は、主幹から分かれる枝のことです。

植えつけ時に、庭植えなら苗木を50㎝程度に切り戻し、そこから発生する新梢を自分のつくりたい仕立て方に必要な数だけ残して、主枝として伸ばします。そして、その年の落葉後に、伸ばした各枝を仕立て方に応じた長さに切り戻し、誘引します。これで結実準備は完了で、翌年以降は果実の収穫を楽しみ、落葉後に伸びた枝を切り戻すことを繰り返します。このようにしていけば、あまり場所をとらずコンパクトに、毎年安定して収穫を楽しむことができます。

以下に紹介する3つの仕立てが、家庭園芸にはおすすめです。

夏果も楽しみたい人は

主幹形仕立て

最も基本的な仕立て方で、バランスよく伸びた新梢3本を主幹の延長枝と2本の主枝に育てます。やや幅広のクリスマスツリーのような樹形になり、比較的コンパクトに育てられます。だいたいどの品種にも対応できますが、剪定は間引きが主体になるので夏果を収穫する品種にはこの樹形が適しています。

【向いている品種】‘アーチペル’、‘アーティナ’、‘カドタ’、‘カリフォルニア・ブラック’、‘ドウロウ’、‘ドーフィン’、‘バローネ’、‘ブラウン・ターキー’、‘ブランズ・ウイック’、‘ブリジアソット・グリース’、‘ホワイト・ゼノア’、‘ロイヤル・ビンヤード’、‘ザ・キング’、‘ビオレ・ドーフィン’、‘ゼブラ・スイート’、‘セレスト’、‘ネグローネ’、‘ネグロ・ラルゴ’、‘ビオレ・ソリエス’、‘蓬萊柿’

秋果だけでよい人は

扇(Y字)仕立て　～奥行きがない場合に～

奥行きがない場所での栽培に向く仕立て方で、フェンスや張ったワイヤーなどに誘引します。

【向いている品種】‘カドタ’、‘カリフォルニア・ブラック’、‘ドウロウ’、‘ドーフィン’、‘ブラウン・ターキー’、‘ブランズ・ウイック’、‘ロイヤル・ビンヤード’、‘ゼブラ・スイート’、‘セレスト’、‘ネグローネ’、‘ネグロ・ラルゴ’、‘蓬萊柿’

一文字仕立て　～剪定が楽に～

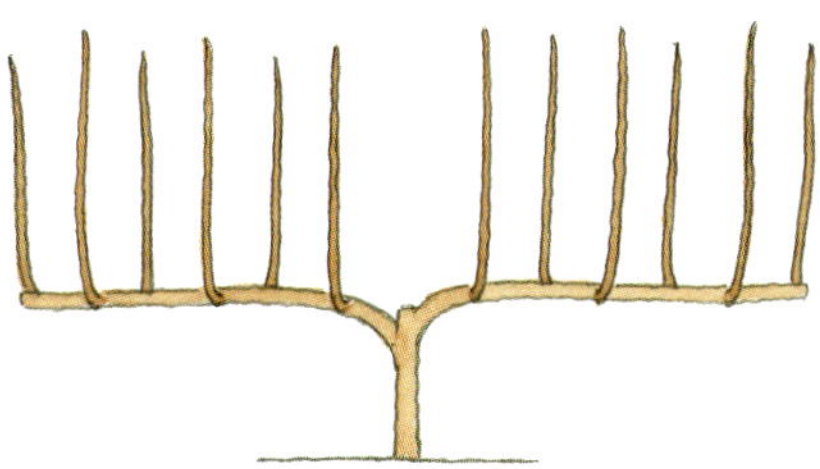

秋果の収穫を安定させ、剪定・誘引作業を単純化する仕立て方で、西洋イチジクの代名詞、‘ドーフィン’の国内栽培地では最も一般的です。

【向いている品種】‘カリフォルニア・ブラック’、‘ドウロウ’、‘ドーフィン’、‘ブラウン・ターキー’、‘ロイヤル・ビンヤード’、‘ゼブラ・スイート’、‘セレスト’、‘ネグローネ’

主幹形仕立て

主幹延長枝
とする
主枝とする
それ以外の新梢は
つけ根から切る

1年目の初夏

新梢（春から伸びる新しい枝）を3本だけ伸ばし、最もよく伸びた新梢を主幹延長枝（主幹をさらに伸ばすための枝）に、ほかの2本を主枝として育てる。

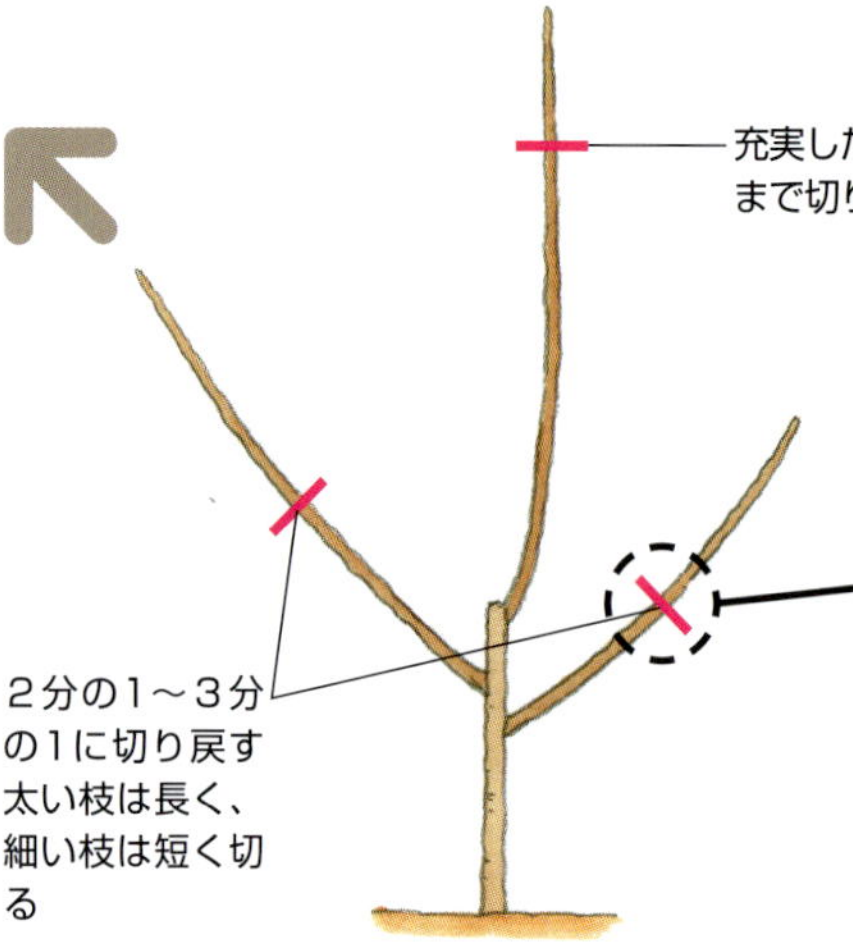
充実した部分
まで切り戻す

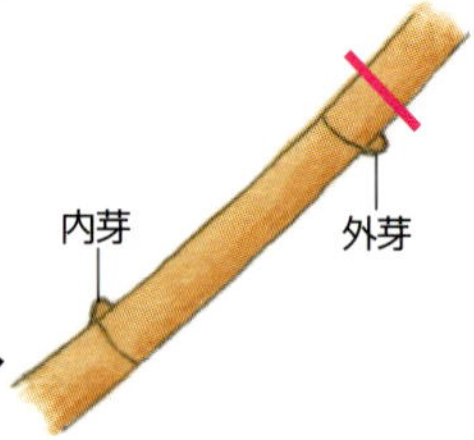

1年目の冬

主幹延長枝は充実した部分まで、主枝は2分の1～3分の1（30cm 程度）に切り戻す。樹冠の内側に向く枝が出ないように、必ず外芽（木の外側を向いた芽）で切る。

2年目の初夏

結実させるための結果枝として新梢を３～４本程度残し、ほかはかき取る。特に樹冠の内側に発生する新梢は早めにかき取る。

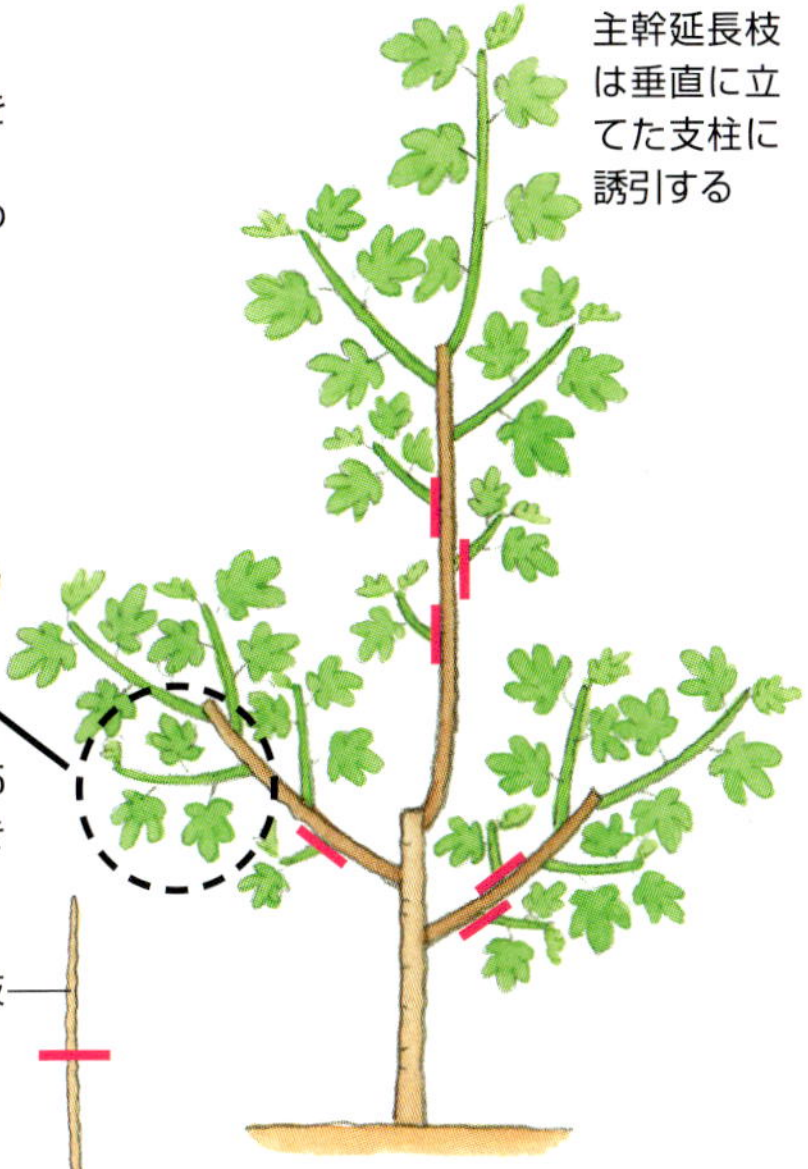

6月上旬には秋果の花嚢（かのう・65ページ参照）が下の葉腋から順につき始め、8月下旬から収穫可能に。

2年目の冬

先端の主幹延長枝は充実した部分まで、それ以外の枝は５節（20cm ほど）で切り戻す。主枝の分岐部分に近い枝、上向きや下向きの枝はつけ根から切る。

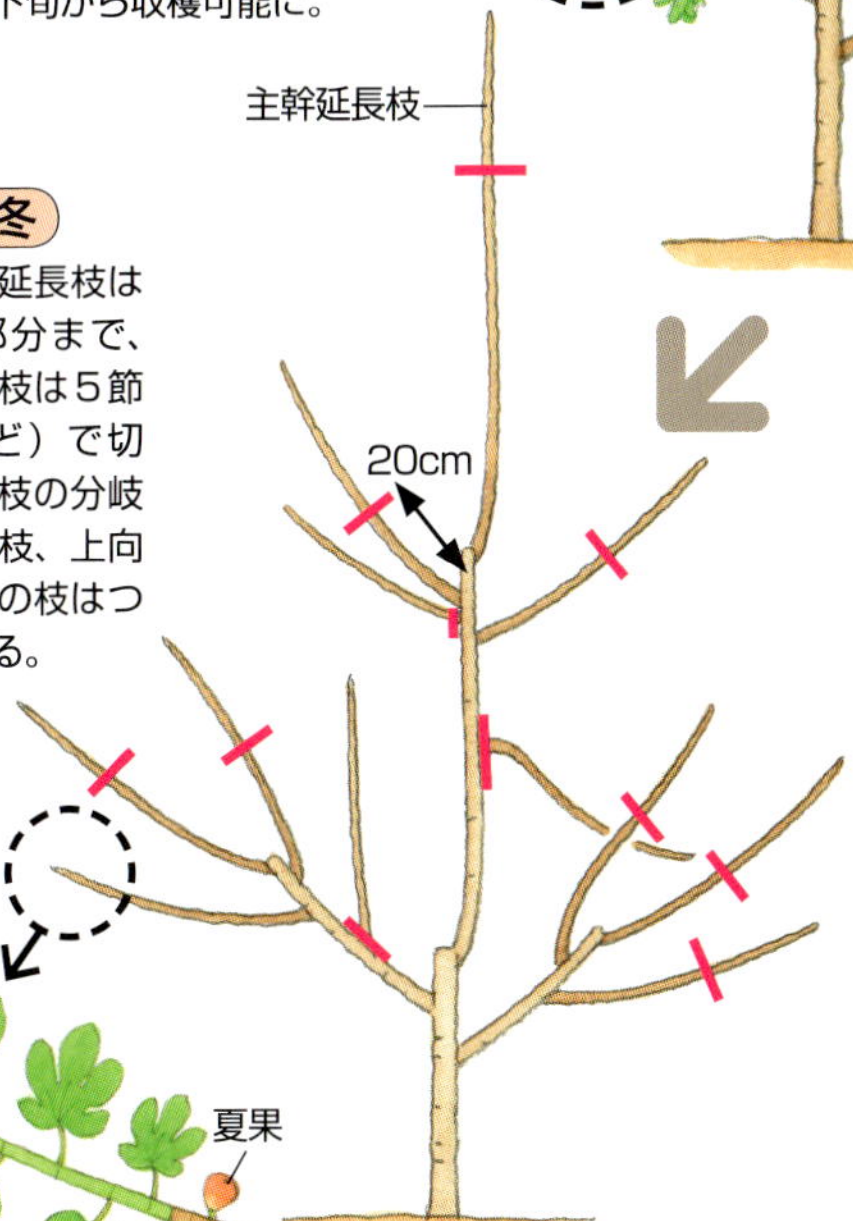

３年目には、主枝と前年枝の剪定は２年目と同様に行う。これくらいになると樹冠内部に枝がかなり混雑してくるので、内部に日がよく当たるよう間引く。
一部の枝を切らずに残すと、枝先に夏果ができる（その先から新梢が伸びる）

扇（Y字）仕立て

1年目の初夏

伸びてきた新梢は、主幹を中心にして左右対称に１本ずつ伸ばし、主枝とする。

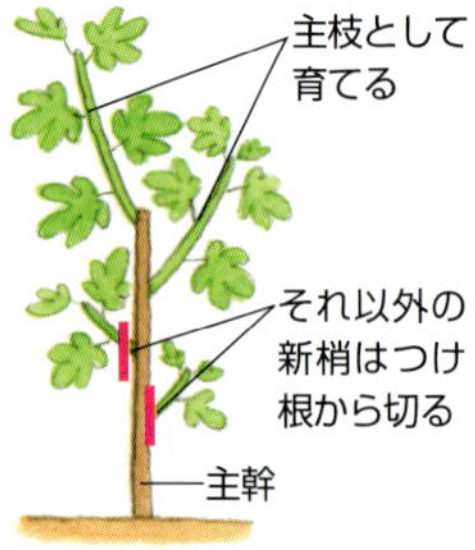

1年目の夏

成長した主枝は、夏までに斜め60度に立てた支柱に誘引しておく。

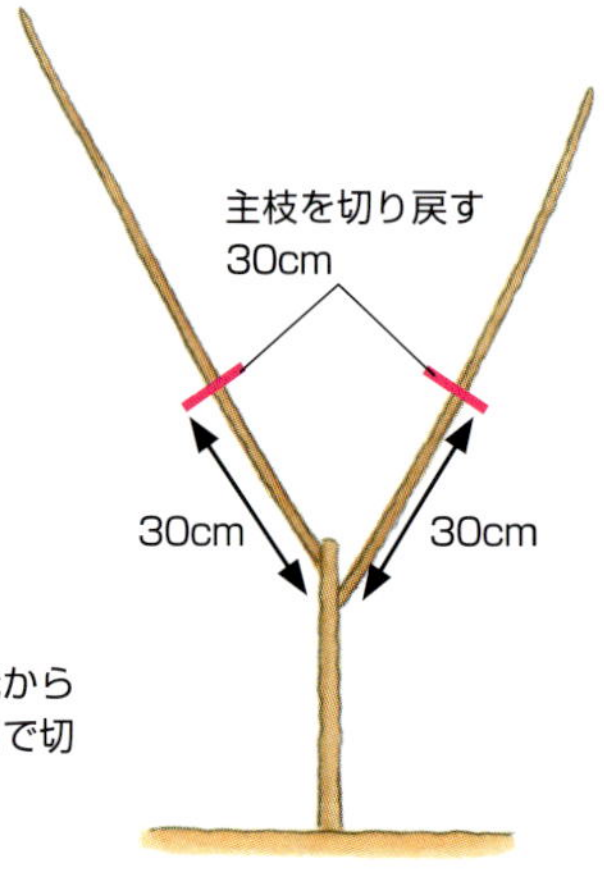

1年目の冬

主枝をそれぞれ枝元から30cm程度のところで切り戻す。

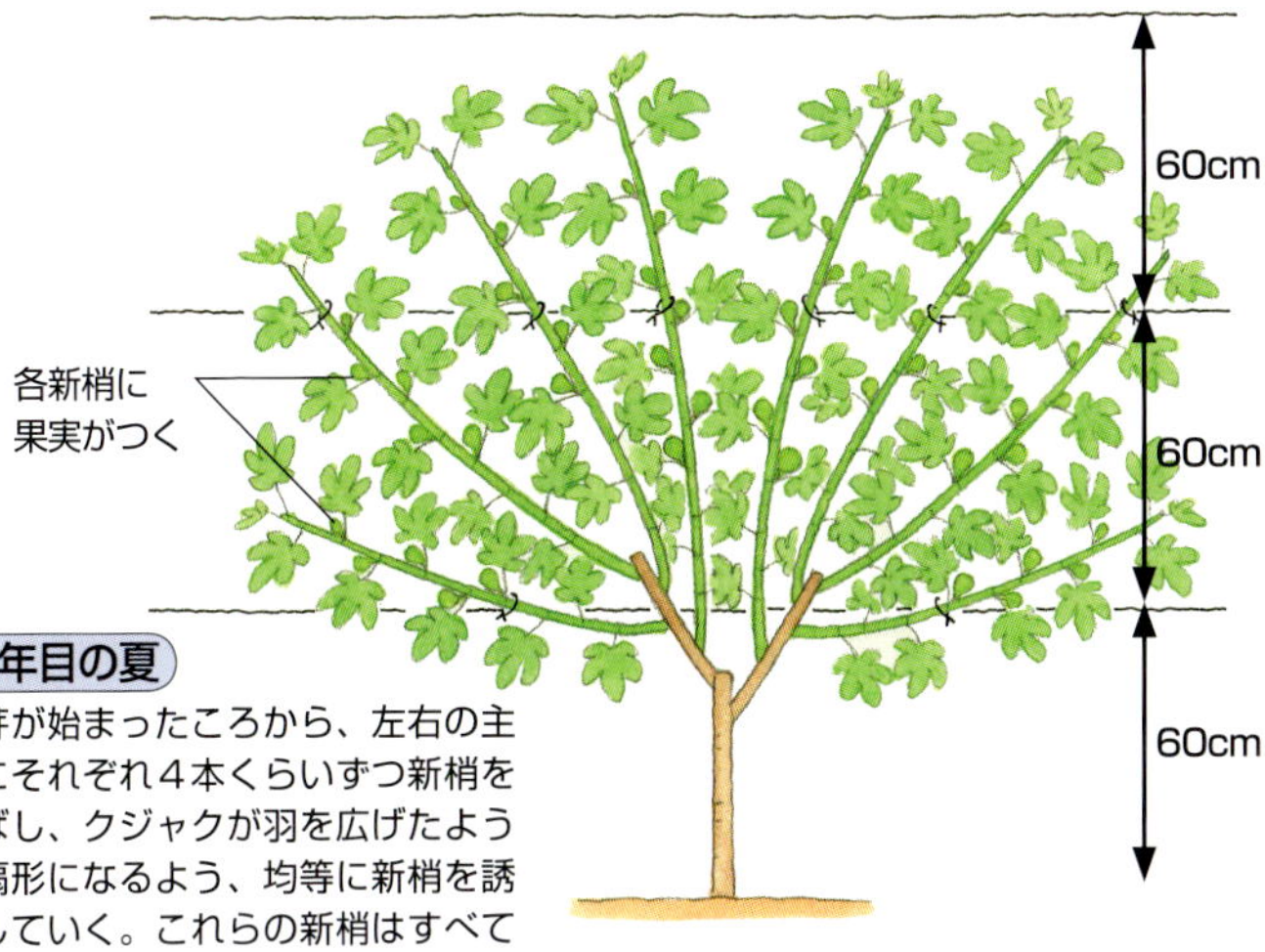
ワイヤーを60cmほどの間隔で張り、枝を誘引する

2年目の夏

萌芽が始まったころから、左右の主枝にそれぞれ４本くらいずつ新梢を伸ばし、クジャクが羽を広げたような扇形になるよう、均等に新梢を誘引していく。これらの新梢はすべて結果枝となり、果実を収穫できる。

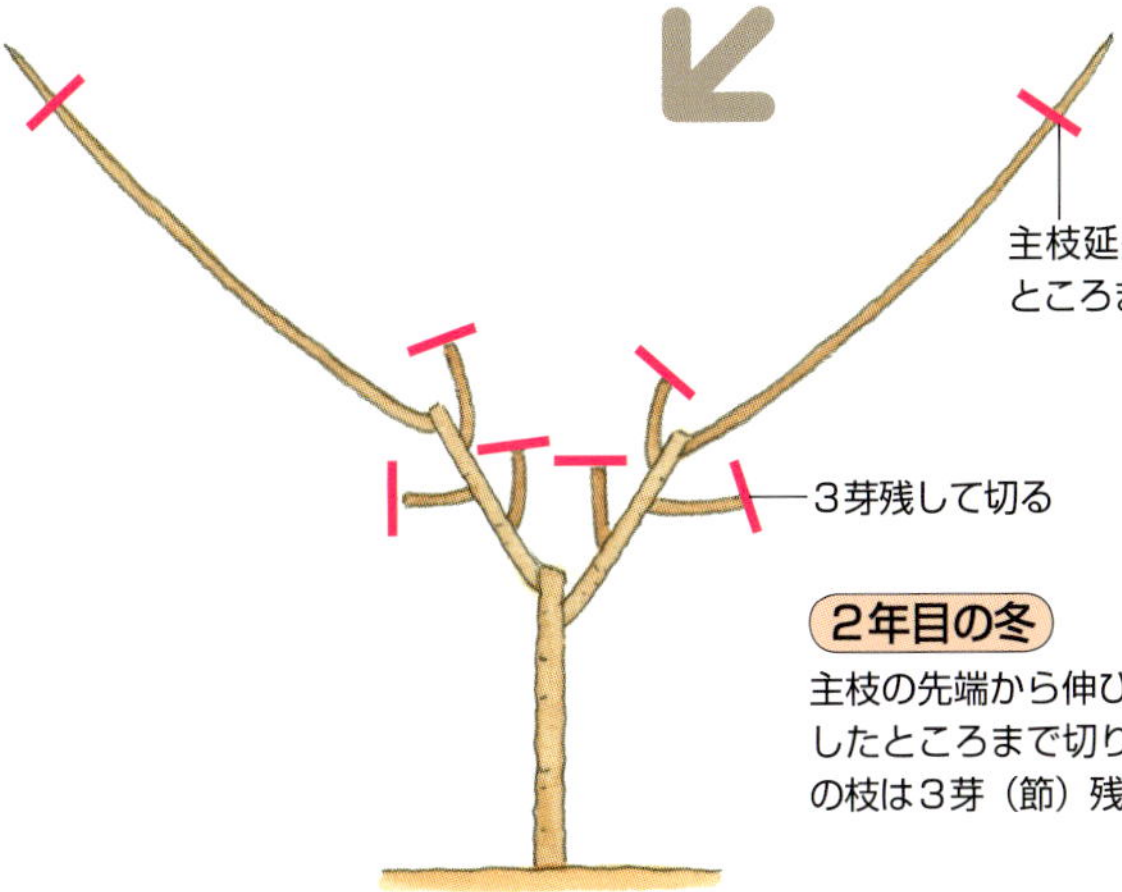
主枝延長枝は充実したところまで切り戻す

2年目の冬

主枝の先端から伸びる枝は充実したところまで切り戻し、ほかの枝は３芽（節）残して切る。

３年目には、左右の主枝延長枝から伸びた新梢はそれぞれ４本くらいずつ伸ばし、３芽残して切った枝からは１～２本伸ばす。冬には、２年目の冬と同様に各枝を切り戻す。

一文字仕立て（鉢植え）

1年目の夏。伸びてきた新梢は、主幹を中心にして左右対称に1本ずつ残し、主枝とする。成長した主枝は、夏までに斜め60度に立てた支柱に誘引しておく。

1年目の冬の様子。

主枝、春から伸び出す新梢（結果枝）それぞれの誘引用に支柱を組む。

主枝は、充実しているところまで切り戻す。

5

主枝を水平に誘引し、支柱に2か所ほど結束する。

6

夏、主枝以外に主幹から伸びた枝を切り忘れていたら、つけ根から切る。切り口には木工用ボンドなどを塗っておく。

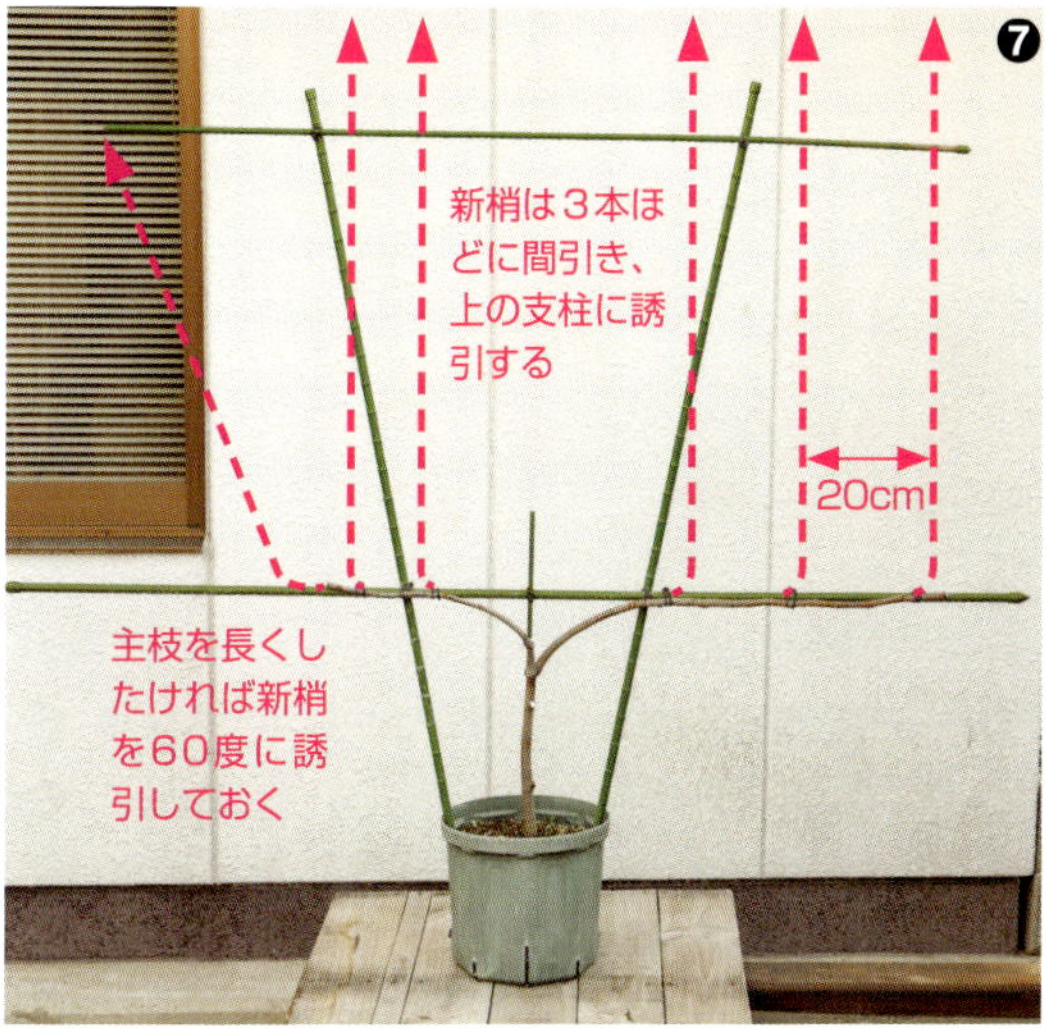
7
新梢は３本ほどに間引き、上の支柱に誘引する
20cm
主枝を長くしたければ新梢を60度に誘引しておく

剪定と誘引を終えた株。春に伸び出す新梢（結果枝となる）は、主枝１本につき３本程度を左右交互に20cmほどの間隔で残す。下向きか横向きに伸び出したものがよい。残した新梢はまっすぐ上に伸ばして上の水平な支柱に誘引する。主枝をもっと長くする場合は、主枝先端の新梢を斜め60度の支柱に誘引しておき、落葉後に水平に誘引する。

つぎ木苗が登場した理由～株枯病

●株枯病の発生

イチジクの苗木繁殖は通常さし木で行われています。品種によって、多少発根のしやすさには違いがありますが、すべての品種でさし木が可能です。また病害虫など、さし木苗であることでとりたてて問題が生じなかったので、さし木以外の増殖は不要でした。

しかし昨今、株枯（かぶがれ）病という病気が発生し始め、原因である株枯菌が発見されました。

株枯病にかかった‘ロイヤル・ビンヤード’。葉が黄変し、枯死する。

病原菌の発生元はわかっていませんが、一度感染すると菌は木のみならず、土壌までも汚染されてしまいます。汚染された場所にこれまでと異なる新しい品種を植えつけると、その木も感染し、2～3年後（早ければ1年目）に葉は黄変し、枝が枯れ、最終的には木そのものが枯死します。

●株枯病に抵抗性のある品種

株枯病は発見されてからまだ年数が浅く、対処方法は、すべて新しい土に入れ替える以外にはありませんでした。しかし近年、この株枯病に抵抗性のある品種がいくつか見つかったことにより、これを台木としてつぎ木することで、かなりの確率で発生を防ぐことが可能になりました。したがって、特にイチジクを植えていた場所に再度イチジクを植えつける場合には、つぎ木苗を入手し、植えつけるとよいでしょう。

12か月の作業と管理

イチジク栽培の作業と管理を月ごとに紹介しました。
毎日の栽培管理に役立ててください。

栽培を始める前に

〜成長段階に合わせた栽培を

●生育期

■3月下旬〜6月中旬：前年に貯蔵しておいた養分により、根が活動を始め、葉の展開、枝の伸長と続き、花や実をつける準備をします。芽かきを行い、水やりを本格的に始めます。

■6月中旬〜7月中旬：新しく展開した葉でつくられた栄養分で、枝や根がどんどん伸長・展開し、花や幼果が発育します。誘引や間引きにより、枝葉や樹冠内部に日光がよく当たるようにします。枝の伸長が悪い場合は追肥をします。水がたまる場所なら排水対策を行います。

■7月中旬〜9月中旬：夏果、秋果の収穫最盛期です。品質のよい果実にするため、よりいっそうすべての枝葉や果実に日光が当たるよう管理します。特に鉢栽培では水切れに注意します。

■9月中旬〜落葉期（11月中旬）：結果枝上部の秋果が成熟。秋根が成長し始め、葉でつくられた養分をためます。翌年の収穫量はこの貯蔵養分の量で決まるので、病虫害や台風などで葉を落とさないよう注意。追肥も施します。

●休眠期

■落葉期〜翌春の3月中旬：休眠期です。整枝・剪定や堆肥・元肥を施し、土壌改良を行います。鉢栽培でも、新たに完熟堆肥や培養土などを足します。植え替えて根を切り、新しい用土を入れることで、根の新陳代謝を促します。

イチジクの栽培暦

（関東地方以西基準）

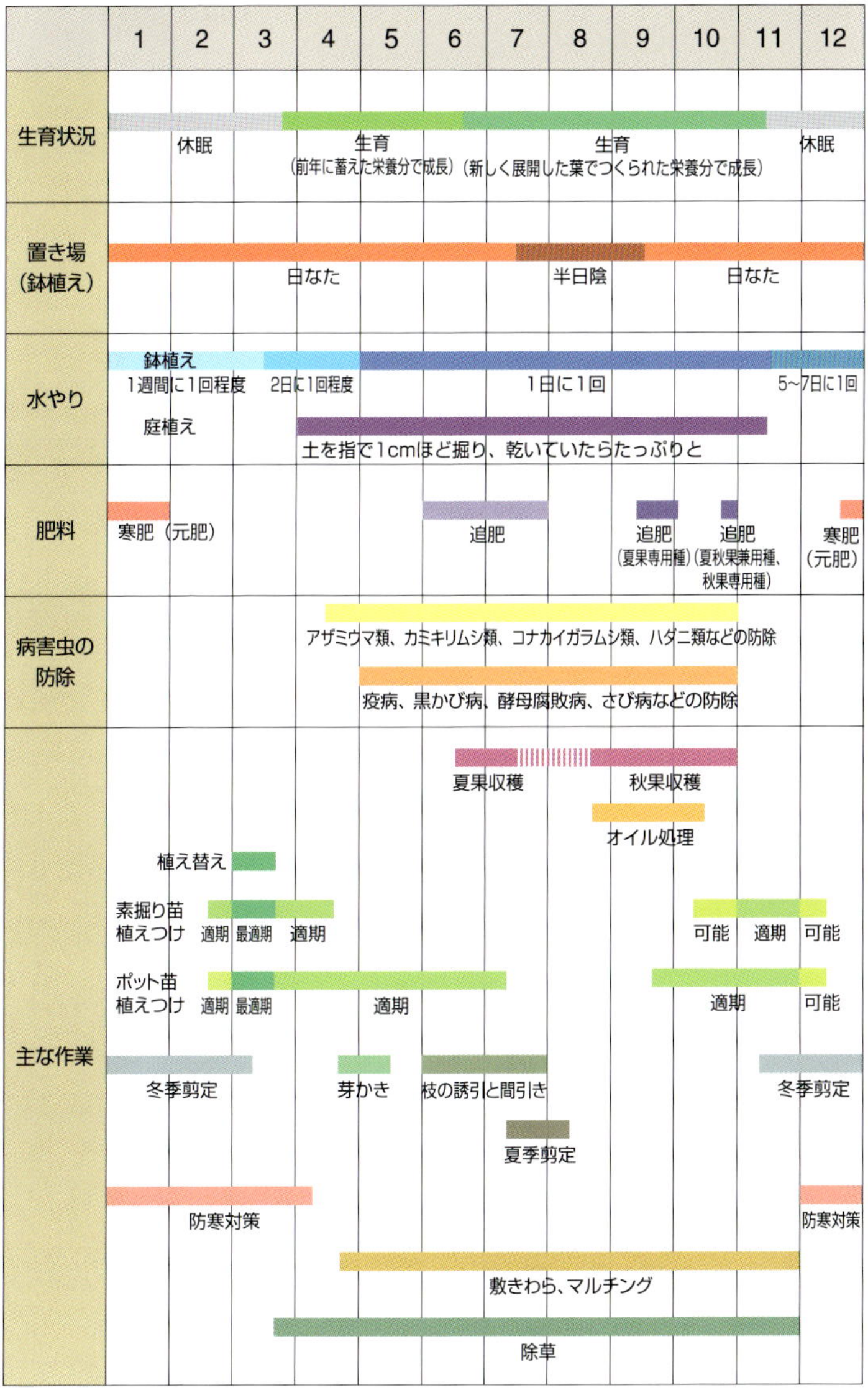
1
2
3
4
5
6
7
8
9
10
11
12
生育状況
休眠
生育
（前年に蓄えた栄養分で成長）
生育
（新しく展開した葉でつくられた栄養分で成長）
休眠
置き場（鉢植え）
日なた
半日陰
日なた
水やり
鉢植え
1週間に1回程度
2日に1回程度
1日に1回
5~7日に1回
庭植え
土を指で1cmほど掘り、乾いていたらたっぷりと
肥料
寒肥（元肥）
追肥
追肥
（夏果専用種）
追肥
（夏秋果兼用種、秋果専用種）
寒肥
（元肥）
病害虫の防除
アザミウマ類、カミキリムシ類、コナカイガラムシ類、ハダニ類などの防除
疫病、黒かび病、酵母腐敗病、さび病などの防除
主な作業
夏果収穫
秋果収穫
オイル処理
植え替え
素掘り苗植えつけ
適期
最適期
適期
可能
適期
可能
ポット苗植えつけ
適期
最適期
適期
適期
可能
冬季剪定
芽かき
枝の誘引と間引き
冬季剪定
夏季剪定
防寒対策
防寒対策
敷きわら、マルチング
除草

1月

2月上旬までは、1年で最も寒さが厳しい時期です。寒くてイチジクのことを忘れがちですが、剪定、元肥と土壌改良など、春からのイチジクの成長に関わる大切な作業があります。時間を見つけて確実に済ませるようにしましょう。

1月のイチジク

休眠期で、木はほとんど活動していません。一般に落葉果樹は寒さに強いのですが、イチジクは寒さがやや苦手です。強い霜に当たるなどすると、枝枯れを起こすこともあります。鉢植え、庭植えともに注意が必要ですが、特に鉢植えの幼木は凍霜害を受けやすいので対策をとりましょう。

鉢植えの若い木は特に凍霜害に注意したい。

●主な作業

防寒対策　凍害や霜害に注意が必要です。特に幼木は被害を受けやすいので、防寒対策をとると安心です（100ページ参照）。

敷きわらの撤去　乾燥防止などのためにしていた敷きわらは、直ちに撤去します。そのままだと昼の地温の上昇や夜間の地面からの放熱を妨げるため気温がより低下し、寒害を助長します。

冬季剪定　庭植え、鉢植えとも、できれば2月中旬までに、どんなに遅くなっても3月上旬までには済ませます（101ページ参照）。凍害が心配な寒冷地では、厳寒期が過ぎる2月下旬から3月上旬が適期です。

寒肥　庭植えは、堆肥、元肥を施し、土づくりを行います（116ページ参照）。鉢植えも、鉢土の表面の部分を削り取り、草の種子や肥料かすなどのゴミをきれいに掃除して、新たに完熟堆肥や培養土などを足してやります（114ページ参照）。

●敷きわらが寒害を助長するわけ

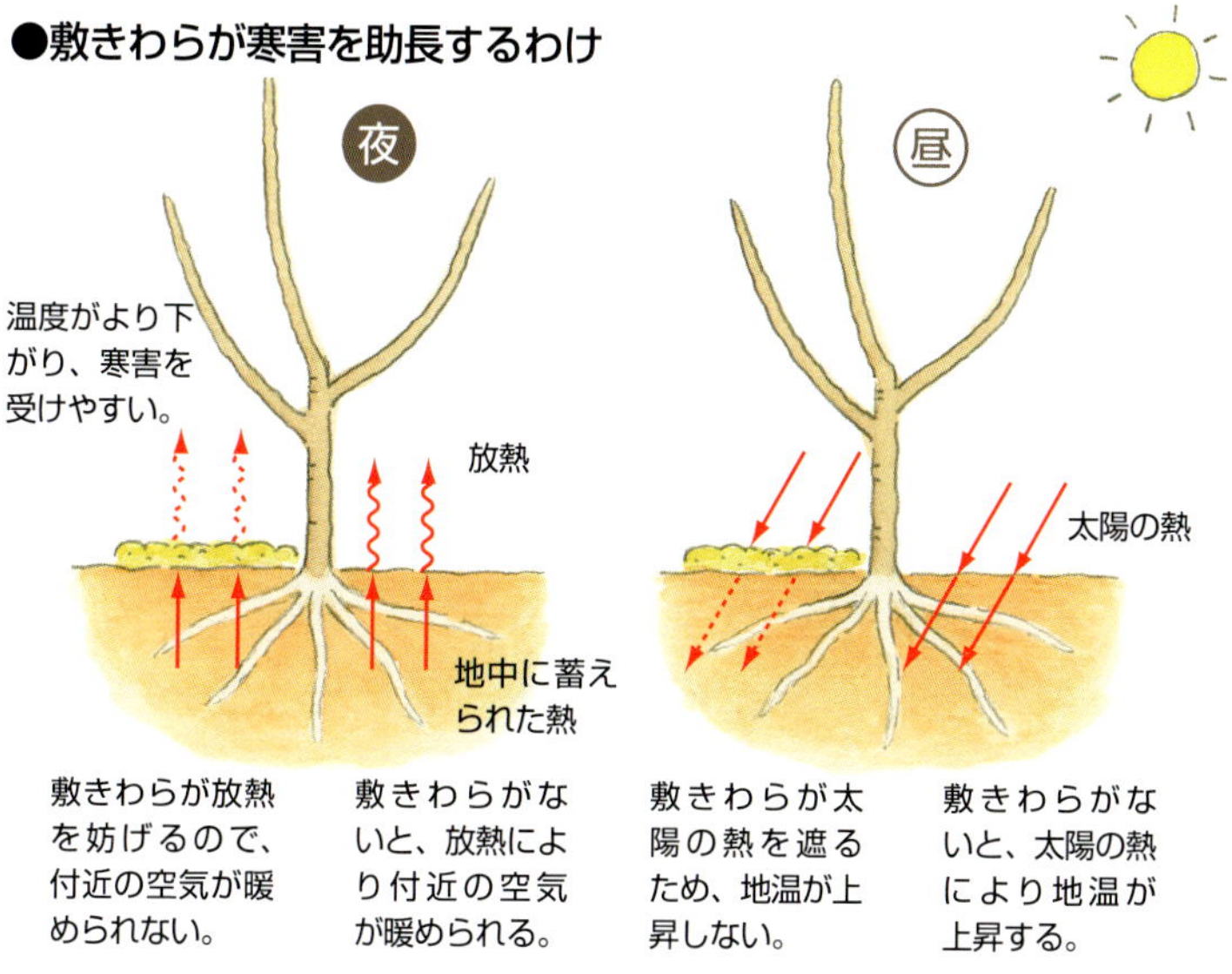

敷きわらが放熱を妨げるので、付近の空気が暖められない。
敷きわらがないと、放熱により付近の空気が暖められる。
敷きわらが太陽の熱を遮るため、地温が上昇しない。
敷きわらがないと、太陽の熱により地温が上昇する。

●鉢植えの管理

置き場　日当たりのよい場所に置きますが、成木、幼木とも朝晩の寒さには注意が必要です。防寒対策をとっていない幼木は、厳しい冷え込みが予想されたら、夜間だけ室内に取り込みましょう。日中は、できれば戸外に出しましょう。

水やり　1週間に1回程度与えます。

肥料　寒肥をまだ施していなければ、急いで施します。寒肥は、春からの成長期に効き目を表す大事な肥料です。10号鉢植えには、油かす主体の固形肥料（中粒）を20個施し、肥料を覆うように完熟堆肥でマルチングします（114ページ参照）。

●庭植えの管理

水やり　必要ありません。

肥料　鉢植え同様、寒肥をまだ施していなければ、土壌改良とともに急ぎ施します。油かす主体の固形肥料（大粒）を1株当たり10〜30個施し、完熟堆肥で肥料を覆います（116ページ参照）。

●病害虫の防除

越冬中の害虫などがいないか、木をよく観察しましょう。

有機質肥料中心の施肥のすすめ

イチジクのように果実が継続して実り、しかも果実中にタネ（実際には「しいな」）を多く含む果樹は、微量要素の減り方も激しいのが特徴です。

不足しがちな微量要素は、特に鉄（Fe）、マンガン（Mn）が中心となります。それらが不足していないにもかかわらず、葉の先端の葉色が薄く、アブラムシも多いような場合は、銅（Cu）や亜鉛（Zn）が不足している可能性があります。これらは、病害虫に対する抵抗性を高める微量要素でもあります。また、幹の病気、幹が裂けることが多くなってきたら、ホウ素（B）欠乏の可能性があります。

このような症状は、化成肥料中心の施肥のときにしばしば起こります。プロの農家であれば、このような微量要素欠乏の症状が現れた場合は、不足している要素だけ補うこともできますが、家庭ではなかなかそういうわけにはいかないでしょう。そこでおすすめするのが、有機質肥料を中心とした施肥です。油かす主体の固形肥料を施すとともに、寒肥の際は完熟堆肥もたっぷりと施します。完熟堆肥には肥料分はあまり含まれていませんが、微量要素はたっぷりと含まれています。このような施肥を行っていれば、微量要素不足が起こることはまずありません。

寒肥の際は、施した油かす主体の固形肥料を覆うように、完熟堆肥を株元にたっぷりと敷き詰める。これで微量要素補給は完璧。

2月

上旬は引き続き厳しい寒さが続きますが、中旬を過ぎると春の気配が感じられるようになってきます。イチジクはまだしばらくは休眠が続きますが、剪定などの作業がまだなら、早めに済ませてしまいましょう。

前年の剪定の切り残しもチェックする。虫が入り込んでいることもある（107ページ参照）。

2月のイチジク

今月も休眠期で、イチジクは冬芽はもちろん、根もまだ活動を始めていません。引き続き、庭植え、鉢植えの成木、幼木とも、凍霜害への注意が必要です。

●主な作業

植えつけの準備　庭植えにするなら、植えつけの1か月前に植えつけ場所の土壌改良を行っておきます（32ページ参照）。

冬季剪定　庭植え、鉢植えとも、3月上旬まで可能ですが、できれば中旬までに済ませます（101ページ参照）。凍霜害が心配な寒冷地では、厳寒期が過ぎる今月下旬から3月上旬が適期です。

●**鉢植えの管理**

置き場　日当たりのよい場所に置きます。成木、幼木とも朝晩の寒さには注意が必要です。防寒対策をとっていない幼木は、厳しい冷え込みが予想されたら、夜間だけ室内に取り込みましょう。

水やり　1週間に1回程度与えます。

肥料　施しません。

●**庭植えの管理**

水やり　必要ありません。

肥料　施しません。

●**病害虫の防除**

越冬中の害虫などがいないか、木をよく観察しましょう。

春を迎える前の最終チェック

2月も下旬を迎えると、気温も徐々に上がり、春めいてきます。病原菌や害虫が目を覚ます前に、木とその周囲をよく点検して、次のような場合はすぐに片づけるなどしましょう。

✔ **幹や枝にかじった痕や木くずがある**

▼カミキリムシの幼虫が食い入っているかも。

✔ **枯れた果実や葉が枝に残っている**

▼病原菌の越冬場所になっているかも。

✔ **雑草は生えたままになっている**

▼施した肥料を奪われるかも。

✔ **落ち葉や剪定枝が片づけられていない**

▼害虫や病原菌の越冬場所になっているかも。

3月

ひと雨ごとに、木々の冬芽のふくらみが大きくなり、梢が色を変えていく時期です。イチジクの冬芽に変化はまだ見られませんが、下旬には根が活動を開始します。苗の植えつけや、鉢植えの植え替えはその直前が適期です。

3月の枝先。芽がふくらむまではあと少し。

3月のイチジク

中旬までは休眠期です。地上部には変化がほとんど現れませんが、下旬になると根は活動を始めて、芽がふくらんで葉を展開させたり、枝を伸長させたり、そして花や実をつけたりするための準備をします。

春めいてくると、わら巻きなどの防寒資材を取り除きたくなりますが、霜がまだ降り、寒の戻りがあったりもするので、もうしばらくそのままにしておきましょう。

●主な作業

植えつけ　鉢植え、庭植えとも、上旬から中旬が最適期です（24ページ参照）。11月の秋植えも可能で、その後の成長もよいのですが、冬場にしっかりとした防寒対策を施す必要があるので、家庭では今月植えつけることをおすすめします。

植え替え　鉢植えは、2〜3年に1回程度の間隔で、上旬から中旬に行います（56ページ参照）。大きな鉢に植えてあり、植え替え作業が物理的に困難な場合は、ドリルで穴をあけて新しい土を充填する方法もあります（60ページ参照）。

冬季剪定　2月中に終えていなければ、直ちに行います（101ページ参照）。冬の間、凍霜害が心配だった寒冷地では、今月上旬は適期です。

●鉢植えの管理

置き場　日当たりのよい場所に置きます。

水やり　中旬までは1週間に1回程度与えます。下旬になると乾きやすくなるので、鉢土の状態をよく観察し、乾いていたらたっぷりと与えるようにします。

肥料　施しません。

●庭植えの管理

水やり　必要ありません。

肥料　施しません。

●病害虫の防除

芽吹き前に、害虫などがついていないか、幹や枝、冬芽の付近などをよく観察しましょう。

植え替え　適期＝3月上～中旬

●なぜ植え替える？

鉢栽培の場合、3年もすると鉢内は古い根がはびこり、新根の伸長するスペースがなくなります。このようになると、極端に木の成長は悪くなり、結実も不安定になるので植え替えをします。

●とぐろ根を切る

二回り程度大きな鉢への植え替えが理想的です。スリット鉢で管理されていたものであれば、あまり根を切る必要はありませんが、一般的な鉢で地上部近くと鉢底に根がとぐろを巻いたような状態で伸びているものは、それらをかなり切り詰めてから植え替える必要があります。

❶ 7号（直径21cm）鉢植え。植えつけ後1年だが、若木で生育旺盛なので植え替える。鉢の縁をたたくと根鉢が取れやすい。

❷ 鉢から抜く。スリット鉢植えだったので、根が鉢底に巻くことなく、きれいに伸びている。

❸ 根切りナイフなどを使って、根鉢の上部を厚さ1cmほど削り取る。

❹ ノコギリを使って、根鉢の下部3分の1を切り取る。

❺ ノコギリで、根鉢の側面に縦に5cm間隔で、深さ1cmほどの切れ込みを入れる。

❻ 根鉢の表面に出てきた根を切ってきれいに整える。

きれいに整った根鉢。この作業をきちんと行っておくと、植え替え後の根の成長がよくなる。

10号（30cm）鉢に植え替える。用土の量は７号鉢の３倍近くなる。鉢の３分の１くらいまで用土を入れ、株を据える。ゴロ土（鉢底石）は不要。

根鉢と鉢のすき間に、鉢いっぱいになるまで用土を入れる。

両手の指を広げて、すき間ができないように周囲の用土を垂直に押し込む。土が沈んだらさらに用土を足す。

植えつけ終了。立ち気味な中央の枝がほかの枝と同じくらいの角度になるように、少し傾けて植えている。

剪定を終えていなかったので、３本の主枝をそれぞれ充実したところまで（３分の１程度）切り戻す。

切り口には木工用ボンドなどを塗っておく。

底から流れ出すくらいたっぷり水をやったら完成。ジョウロの口を手で押さえて水の勢いを調節しながら与える。

植え替え困難な大鉢植えの場合　適期＝3月上～中旬

大きな鉢に植えてあると、重くて植え替え作業が困難な場合があります。そんなときは、ドリルなどで鉢土に数か所穴をあけて、根を切ると同時に、その穴に新しい用土を入れてやります。根を伸ばすスペースができて、植え替えと同じような効果があります。

❶ 根元から少し離れた位置に穴掘り器をねじ込み、引き抜いて穴をあける（この鉢では4か所）。鉢底まで達して鉢を割らないように、あらかじめどこまでねじ込めるか目安をつけておくとよい。

❷ あけた穴に新しい用土を入れる。棒などを使って突き込む。

❸ すべての穴に用土を入れ、表面にも少し用土を敷いて完成。

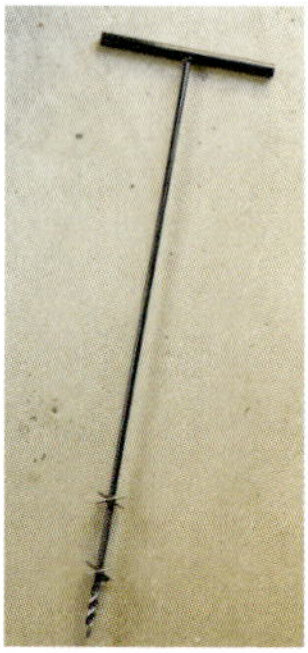

市販の穴掘り器があると作業が楽。ホームセンターの農業資材売り場などで購入できる。

植え替えにおすすめの鉢

●10号まではスリット鉢

植え替えには、根を切り詰めたあとに①元の鉢に植え直す場合と、②二回りほど大きな鉢に植え替える場合があります。ある程度大きく育てなければ収穫もあまり見込めないので、10号より小さい鉢植えは②の植え替えをおすすめします。

10号までの「大きく育てる」段階では、「スリット鉢」（58〜59ページの鉢）がおすすめです。通常の鉢栽培で最も問題となるのが、鉢の底のほうで渦巻き状に無駄に伸長する根。この根は養水分の吸収に役立ちません。スリット鉢の中の根は渦巻き状になりにくく、株の活力を高め、地上部の伸長と充実・優良な果実の結実を促してくれます。

●10号以上になったら素焼き鉢に

大鉢（10号以上）で栽培を続けたい場合は、8号まではスリット鉢で栽培し、鉢植えに向く根になったものを植え替えます。スリット鉢から植え替えに使う鉢は、通気性に富む素焼き鉢（テラコッタ）がよいでしょう。重さが気になるなら、ファイバークレイポット（写真）がおすすめです。このあとは2〜3年に1回、根を切り詰めて元の鉢に植え直しを行います。

また庭植えでも、限られた空間で栽培を行う必要がある場合、最初の2〜3年間はスリット鉢でコンパクトな樹形づくりを行ったのちに、庭に植えつけるとよいでしょう。苗を直接庭植えにするよりも必要以上に大きくならず、着果結実の安定や枝の充実をもたらしてくれます。

軽くて丈夫、通気性もあるファイバークレイポット。

4月

春本番で、木々はもう葉を展開しているというのに、スロースターターのイチジクはこれからやっと芽がふくらみ始めるところ。伸び出した新梢を遅霜に当てて傷めたりしないように、天気予報に注意しましょう。

JBP

枝先の芽がふくらみ、芽吹く。

4月のイチジク

3月下旬には休眠を終えて生育期に入り、まず根の活動を始めていますが、芽がふくらみ始め、葉が展開し始めるのは、今月中旬から下旬になってからです。新梢も伸び始めますが、芽先は柔らかいので触らないようにしましょう。

暖地では、冬期の低温よりも春先の萌芽期に凍霜害が起こりやすいものです。遅霜には十分に注意し、防寒資材の除去を行いましょう。

●主な作業

防寒資材の除去　防寒用わら巻き（100ページ参照）などをしている場合は、中旬に除去します。

芽かき　新梢が10～15cmに伸びたら、それぞれの主枝に勢いのよい新梢を2本ずつ残して、あとの新梢は切り取ります。

●鉢植えの管理

置き場　日当たりのよい場所に置きます。これからの時期は、地面に直接鉢を置かず、必ず台（レンガやブロックでよい）の上に置くようにします。地表と鉢との間にすき間ができることで、地表が熱くなっても熱が伝わりにくくなります。遅霜が心配されるときは、夜間だけ軒下などへ避難させましょう。

水やり　2日に1回程度与えます。

肥料　施しません。

4月

芽かき　適期＝4月下旬～5月中旬

強い新梢を各枝に
3本程度残して、
ほかは切除する

●主幹形仕立ての場合

2年生以上の株は、新梢が伸びて長さが10～15cmになったところで、それぞれの枝に勢いのよい新梢を3本程度ずつ残して、あとの枝は切っておきます。こうすると、残した新梢が充実した結果枝となって、より質のよい秋果が収穫できます。

●扇仕立て、一文字仕立ての場合

41、43ページを参考に、仕立てに必要な新梢を残し、それ以外は切除します。

●庭植えの管理

水やり　乾燥が激しく、土の表面を指で深さ1cmほじくり中まで乾いているようなら、株元から1m四方に水を与えます。土中に水がしっかりしみ込むように、たっぷりと与えることが大切です。

肥料　施しません。

●病害虫の防除

暖かくなると、害虫による被害が発生し始めます。鉢植えや、庭植えでも木が小さければ、早い時期から防虫用などのネットで全体を覆うと、害虫対策に非常に効果的です。ネットは4mm目メッシュ程度のものを用意し、支柱などで枠を組んでその上から覆うようにします。

防虫対策　適期＝4月上旬～10月下旬

害虫が発生し始める前に、枠を組んで木全体をネットで覆います。網目が大きいのでアザミウマ類やハダニ類など小さな害虫にはあまり効果は期待できませんが、体の大きなカミキリムシ類はほぼ完璧に防除できます。
ネットの目が細かいと風通しが悪くなり、木が蒸れる可能性があります。

イチジクの花はどこにある？

イチジクは漢字では「無花果」と書きますが、これは花が咲かないのに果実をつけるように見えることに由来します。しかし、花がないわけではありません。イチジクの果実のように見える部分は「花嚢《かのう》」と呼ばれ、花軸（ふつうの花では雌しべや雄しべ、花弁、萼《がく》などがついている部分）が肥大化したものです。じつはこの内側に無数の花をつけています。イチジクの果実を割ってみると、中につぶつぶがたくさん詰まっていますが、このつぶつぶ一つ一つが花です。

こんな花を誰がどうやって授粉するのでしょうか。それを担うのは、イチジクコバチ（ブラストファーガ）という小さなハチです。ひと言では語れませんが、イチジクとイチジクコバチは、互いの存在なくしては子孫が残せず、生存できない関係にあります。

●イチジクの果実（花嚢）のつくり

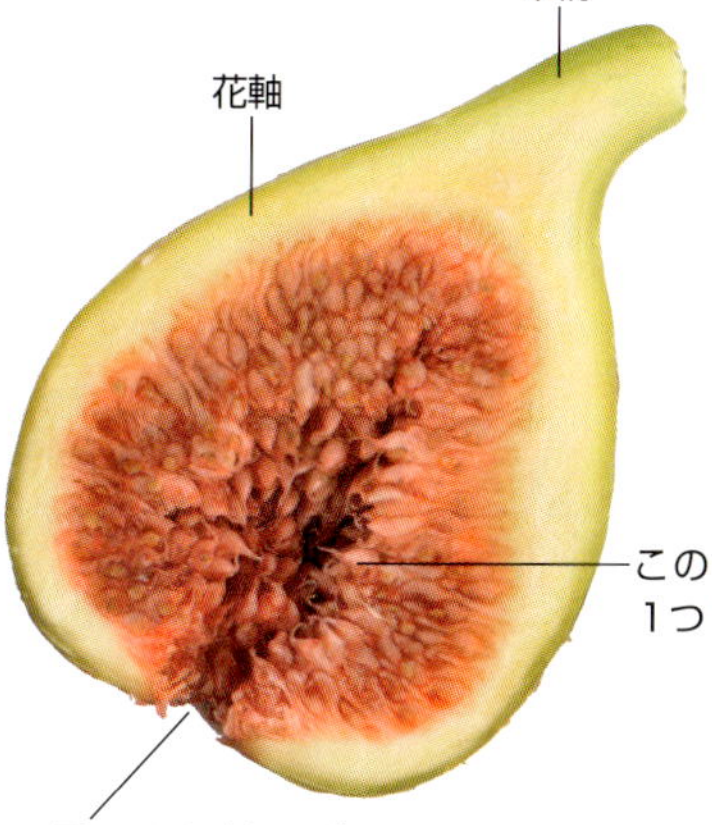
果柄
このつぶつぶ
1つ1つが花
目。イチジクコバチはここ
から花嚢の中に潜り込む

ところで、このイチジクコバチ、日本には分布していません。それではなぜイチジクの果実が大きくなるのかというと、日本で栽培されているのは、受粉しなくても果実が大きくなる単為結果性の品種だからです。だから、日本のイチジクにはタネがありません。

5月

風薫る5月。天候が安定して晴れの日が続くようになると、遅ればせながら芽吹いたイチジクも、ほかの植物に追いつけ追い越せと、旺盛に成長を始めます。これからの管理が果実の収量や品質に影響するので、心してかかりましょう。

葉が展開し、勢いよく新梢が伸びる。

5月のイチジク

萌芽した芽が葉を展開し、新梢の伸長も次第に旺盛になってきます。中旬ごろになると、新梢の4節目以降のところに最初の果実（秋果）となる花芽ができます。これが成長して、6月に入ると小さな果実（本当は花嚢という。65ページ参照）が見えてきます。

●主な作業

芽かき　4月に済ませていなければ行います。新梢が10～15㎝に伸びたら、それぞれの主枝に勢いのよい新梢を2本ずつ残して、あとの新梢は切り取ります（63ページ参照）。

敷きわら、マルチング　庭植えのものには、乾燥防止のために敷きわらや完熟堆肥でマルチングすることをおすすめします。鉢植えの場合も、鉢土の表面を堆肥で覆うと効果的です。

除草　草取りも欠かせません。雑草は水や肥料分を奪い、病害虫の潜伏場所にもなります。

●鉢植えの管理

置き場　日当たりのよい場所に置きます。

水やり　毎日たっぷりと与えます。

肥料　施しません。

●庭植えの管理

水やり　土壌の乾燥が激しいときにはたっぷり与えますが、それ以外は不要です。ただし、まだ根が深く張っていない若木の場合は、あまり乾かないうちに水を与えましょう（与えすぎると根が活性化しません）。

肥料　施しません。

●病害虫の防除

ハダニ、アザミウマ類が発生し始めるので、葉裏や新芽などをよく観察し、異変を見つけしだい防除します（118ページ参照）。

●敷きわら

わらで株元の地面を厚めに覆う。短く切られたわらを使ってもよい。

6月

中旬には梅雨に入ります。高温多湿をものともせず、イチジクは旺盛に成長を続けますが、水はけが悪い場所では過湿による根のトラブルに見舞われることも。暖地なら、下旬には待望の夏果の収穫ができるようになります。

新梢の葉のつけ根に秋果（花嚢）ができ始める。

6月のイチジク

枝や根がどんどん伸長し、花芽や花嚢が次々にできていきます。こうしたすべての成長は、これまでは前年に蓄えられた栄養分に支えられていますが、今月下旬以降は新しく展開した葉でつくられた栄養分ですべてまかなわれるようになります。

夏果がついているものは、急速に果実が太り始めるので、追肥で樹勢を上げるようにします。一方、上旬には秋果の花嚢が3～5㎜ほどに発育し、やっとイチジクらしい形に見えてきます。

品種により多少違いがありますが、この段階から75～82日で果実が熟します。

●主な作業

枝の誘引と間引き　結果枝を誘引し、伸びすぎた新梢や混み合った枝を間引き、それぞれの枝葉や樹冠内部に日光がよく当たるようにします（71ページ参照）。幼木も、成長が早いものは枝の間引き、誘引を行います。

夏果の摘果　ふつうは必要ありませんが、夏果が葉数に比べて多くつきすぎている場合は、葉1枚に1果を目安に、成長のよくないものなどを摘み取ります。

収穫　早いものは下旬ごろから夏果が収穫できるようになります。果実をよく見て完熟果を収穫するようにしましょう（74ページ参照）。

除草　雑草は随時抜き取ります。

●鉢植えの管理

置き場　日当たりのよい場所に置きます。

水やり　毎日たっぷりと与えます。雨が降っても大きな葉に邪魔されて鉢内に達しないこともあるので、湿り具合をよく確認しましょう。

●夏果の摘果

葉1枚につき果実が1個以下になるように、傷があるもの、成長のよくないものなどを摘み取る。

肥料　株に勢いをつけるため、株の様子を見て追肥を施します。植えつけ1年目の株には、1鉢当たり緩効性化成肥料（N－P－K＝10－10－10）を20g程度追肥します。2年目以降の株には、同じ肥料を1鉢当たり30g程度追肥します。枝の色が淡かったり、枝の伸長の勢いが弱い木の場合は、液体肥料（N－P－K＝6－10－5）の葉面散布が効果的です。

●庭植えの管理

水やり　必要ありません。イチジクは乾燥を嫌いますが、過湿も嫌います。植えてある場所の水はけが悪ければ、梅雨時期には排水路をつくってやるとよいでしょう。

肥料　鉢植えと同様の肥料を、1株当たり30g程度追肥します。

●病害虫の防除

ハダニ、アザミウマ類の害虫の発生も適宜防除します（118ページ参照）。

●葉面散布

規定の倍率に薄めた液体肥料を、葉の表裏にまんべんなく噴霧する。

枝の誘引と間引き　　適期＝6月上旬～7月下旬

6月中旬からは新梢の伸長と葉の展開がさらに旺盛になります。結果枝を誘引し、また樹冠内が混みすぎている場合や新梢の本数が多い場合は、不要な新梢を基部から切り取って間引きます。そうすることによって、それぞれの枝葉や樹冠内部に日光がよく当たるようになります。

●誘引

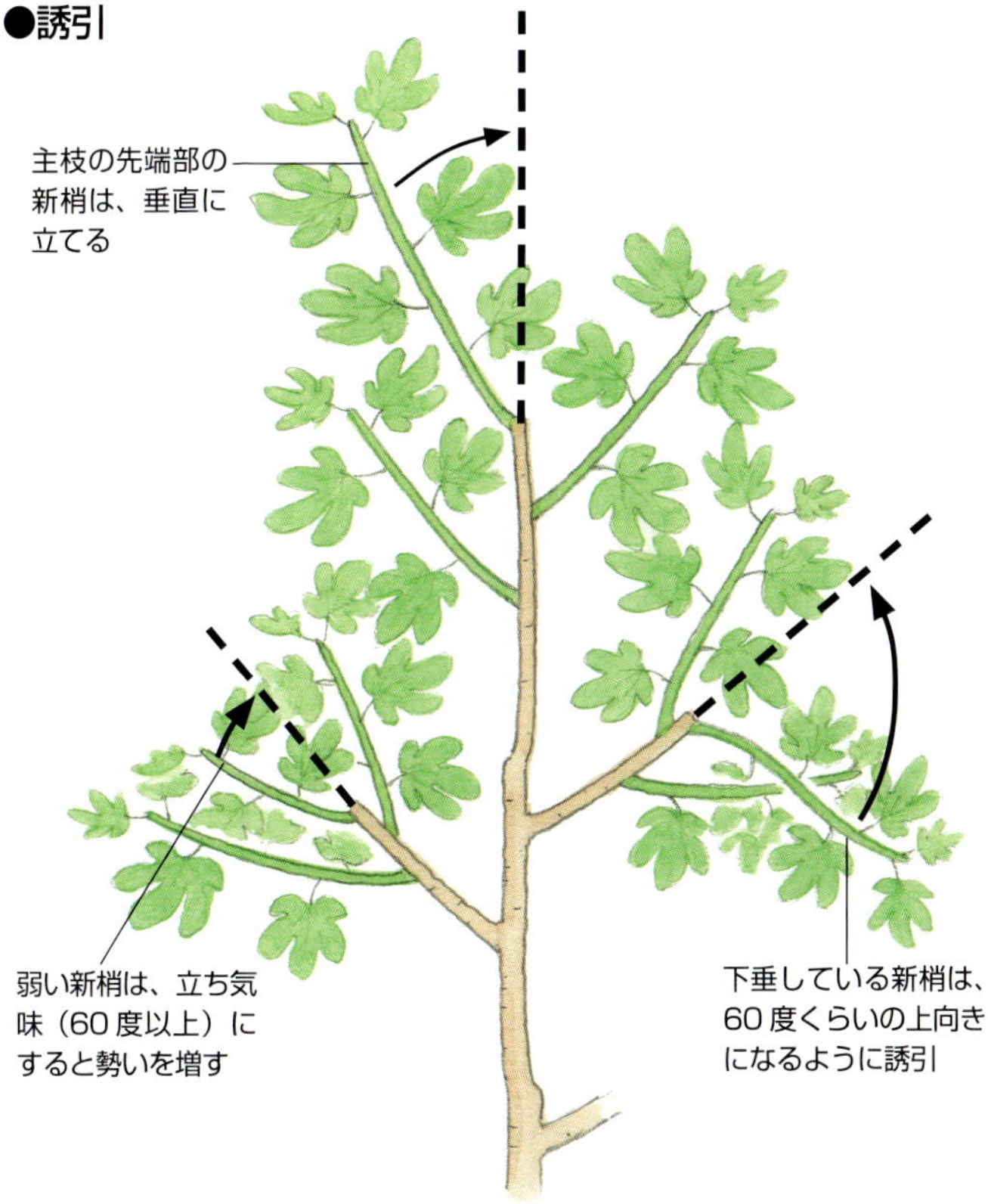
主枝の先端部の新梢は、垂直に立てる
弱い新梢は、立ち気味（60度以上）にすると勢いを増す
下垂している新梢は、60度くらいの上向きになるように誘引

誘引は新梢が40～50cmに伸びたころから始めます。それぞれの新梢の伸長具合を見ながら、木全体の成長をそろえるようにします。そのため、伸長を促したい下垂している新梢、弱い新梢、主枝先端部の新梢から誘引するようにします。ひもで吊り上げたり、支柱を立てて結束して固定したりしますが、どちらも新梢が太くなってきたときにひもが食い込まないように、余裕をもって結束します。

鉢植えのイチジク。短めの支柱を部分的に組んで、中央部のまっすぐに立っていた強い枝を斜めに誘引して勢いを抑えた。また各枝を均等に配置するように誘引している。

生産農家の一文字仕立てのイチジク。組んだ支柱に上下にひもを張り、新梢が伸びるたびにひもに絡ませて垂直に誘引している。家庭では主枝をあまり長く伸ばさないので、そこから伸びる新梢の数は少ないが、真似してみたい技術。
水はけをよくするために高畝にしたうえで、乾燥防止の敷きわらをしている点にも注目したい。

●枝の間引き

4月下旬～5月中旬に芽かき（63ページ参照）をきちんと行っていればあまり必要ありませんが、枝が混み合っているようなら、間引いて日当たりや風通しをよくします。

枝が混み合っている鉢植えのイチジク。

根元から伸び出したひこばえを切除する。

混み合った部分の枝をつけ根から切って間引く。

間引き完了。すっきりとし、結果枝の日当たりや風通しも改善された。

収穫　適期＝6月下旬～10月中旬

収穫の際は、完熟果かどうかよく見てを収穫するようにしましょう。果実が非常に傷みやすいので、収穫時はていねいに取り扱うことが大事です。少しの傷でも果実の日もちが悪くなります。果実を引っ張って取ると果梗近くの果皮が傷むので、果梗に近い部分に軽く指をかけて持ち上げるようにすると、傷めずに取れます。

果梗
果実を引っ張って取ろうとすると、このあたりでちぎれる。

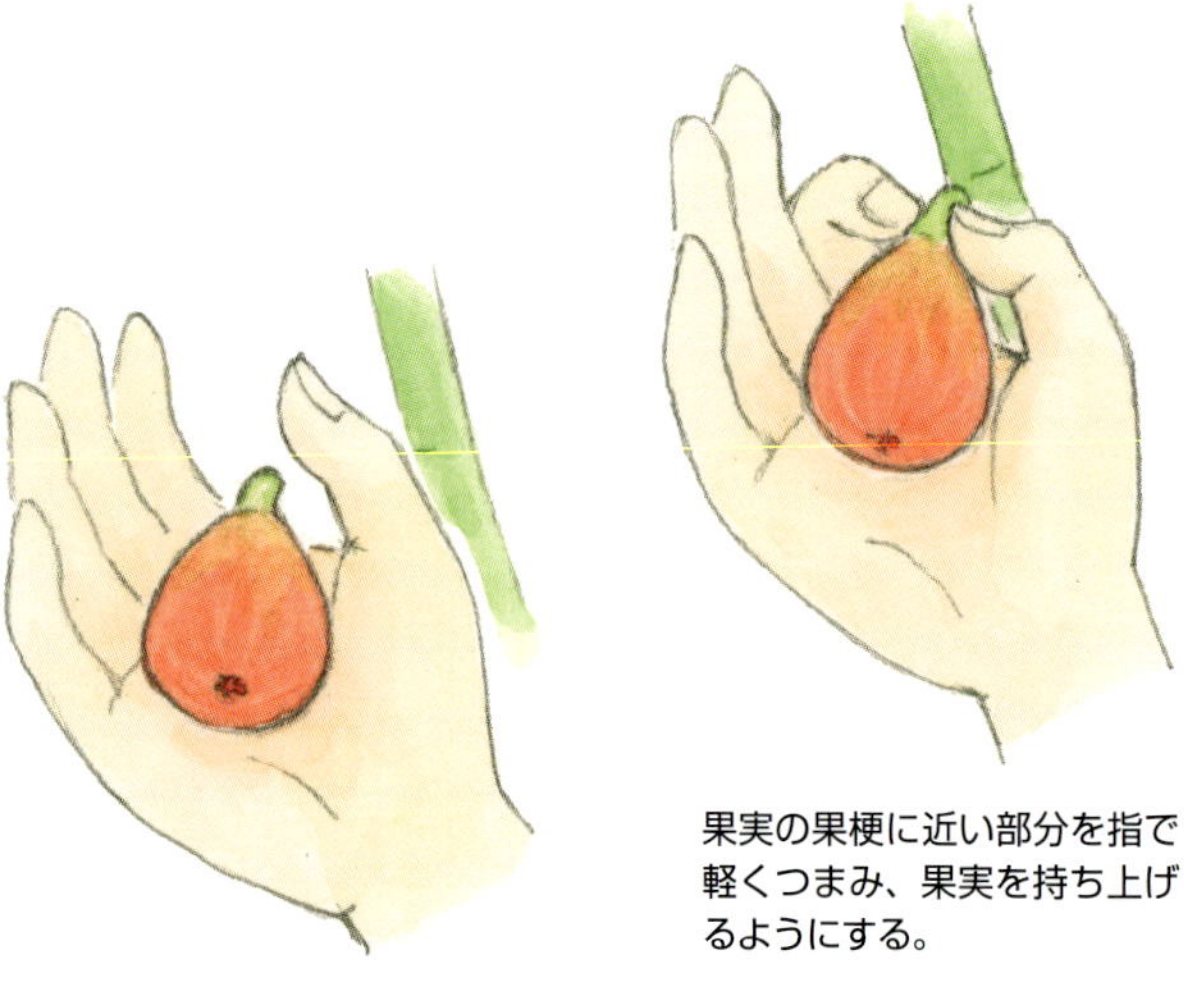
果梗のつけ根で枝から外れる。

●完熟果の見分け方

イチジクの収穫適期はなかなかわかりにくいと思います。果実が成熟したかどうかは、果皮の色づき方、果肉の硬さ、果実の垂れ具合で見分けます。

【果皮の色づき方】 70 ～ 100％色づいたら完熟～適熟、50 ～ 70％はやや未熟、50％以下では未熟。

【果肉の硬さ】 完熟果は耳たぶを軽くつまんだような感触で、ゴムのような感触のものは未熟。

【果実の垂れ具合】 果頂部の目（下の写真）が、幼果や未熟果では上向きだが、熟度が進んでくると下向きに、完熟果ではほとんど下向きになる。

日数によっても判断でき、花嚢が 3 ～ 5mm になったころから日数を数え、75 ～ 82 日が成熟期になるとされています。この方法は、日数が数えやすい夏果では目安にできるのですが、秋果は次々に新しい果実ができてくるので日数が数えにくいため、この方法で判断するのは難しいでしょう。

品種によっては未熟果のうちから果頂部の目が下向きになっているものもある。その場合は果実の硬さなどで判断する。（品種‘ロングドクート’）

果皮が十分色づいていても、果頂部の目が上向きだと収穫にはまだ早い（上）。ほとんど下を向いている状態になったら収穫適期。（品種‘カリフォルニア・ブラック’）

6月

7月

中旬までは梅雨の高温多湿が続き、下旬に梅雨が明けると高温乾燥の気候に一転します。日照不足で少し軟弱に育った枝葉は、急に強烈な日光に当たると傷むことがあるので要注意。夏果は収穫最盛期となります。

夏の強い日ざしを浴びながら、秋果が成長する。

7月のイチジク

新梢の伸びはさらに勢いを増し、同時に、伸びた枝や葉が充実し始め、実を太らせるようになってきます。ここまでの間は枝の伸長、葉の展開、果実をつける準備といった成長段階ですが、ここからは枝を太らせ、果実を大きく太らせるといった充実の段階に入ります。品質のよい果実をつくるために、よりいっそうすべての枝葉や果実に光が当たるように管理をします。

●主な作業

収穫　今月も夏果の収穫が続きます。果実をよく見て完熟果を収穫します（74ページ参照）。

枝の誘引と間引き　品質のよい果実をつけさせるために、6月に引き続き、今月下旬までに済ませます。樹冠内が混みすぎている場合、新梢の本数が多い場合は、新梢を基部から切り取って間引きます。そして結果枝を誘引し、それぞれの枝葉や樹冠内部に日光がよく当たるようにします（71ページ参照）。一文字仕立てでは、結果枝をまっすぐに立てて誘引します。

夏季剪定　新梢の伸長を調節するために、中旬に夏季剪定を行います（80ページ参照）。

除草　雑草は随時抜き取ります。

●鉢植えの管理

置き場　日当たりのよい場所に置きますが、あまりにも日ざしがきついときには、昼前後に若干日陰になるような木陰などに移動させます。特に梅雨の中休みのようなときには、強い日光に慣れていないので注意しましょう。

水やり　梅雨中は、鉢土の乾き具合を確認して水を与えます。梅雨明け後は最も乾燥しやすい時期なので、水切れさせないよう毎日欠かさず与えます。ジョウロの先を必ず鉢の中に入れ、鉢底の穴から水が出るくらいたっぷり与えます。

水切れして葉がしおれたイチジクの苗。

肥料　施しません。ただし、枝の色がきわめて淡く弱かったり、枝の伸長が悪い場合には、緩効性化成肥料（N－P－K＝10－10－10）を1鉢当たり、植えつけ1年目の株で20g程度、2年目以降の株なら30g程度追肥します。

●庭植えの管理

水やり　梅雨中は、植えてある場所の水はけが悪ければ、排水対策を行います。梅雨明け後は、土の乾き具合を見て、ひどく乾いているようならたっぷりと与えます。

肥料　中旬から下旬に、果実を大きくするためにカリ肥料（硫酸カリ）を10～20g施します。

●病害虫の防除

カミキリムシ類、ハダニ、アザミウマ類が発生するので、適宜防除します。また疫病の防除も徹底しましょう（118ページ参照）。樹上で病気になったり虫に食われたような果実、枯れ葉は、できるだけ早めに取り除き、処分します。

●排水対策

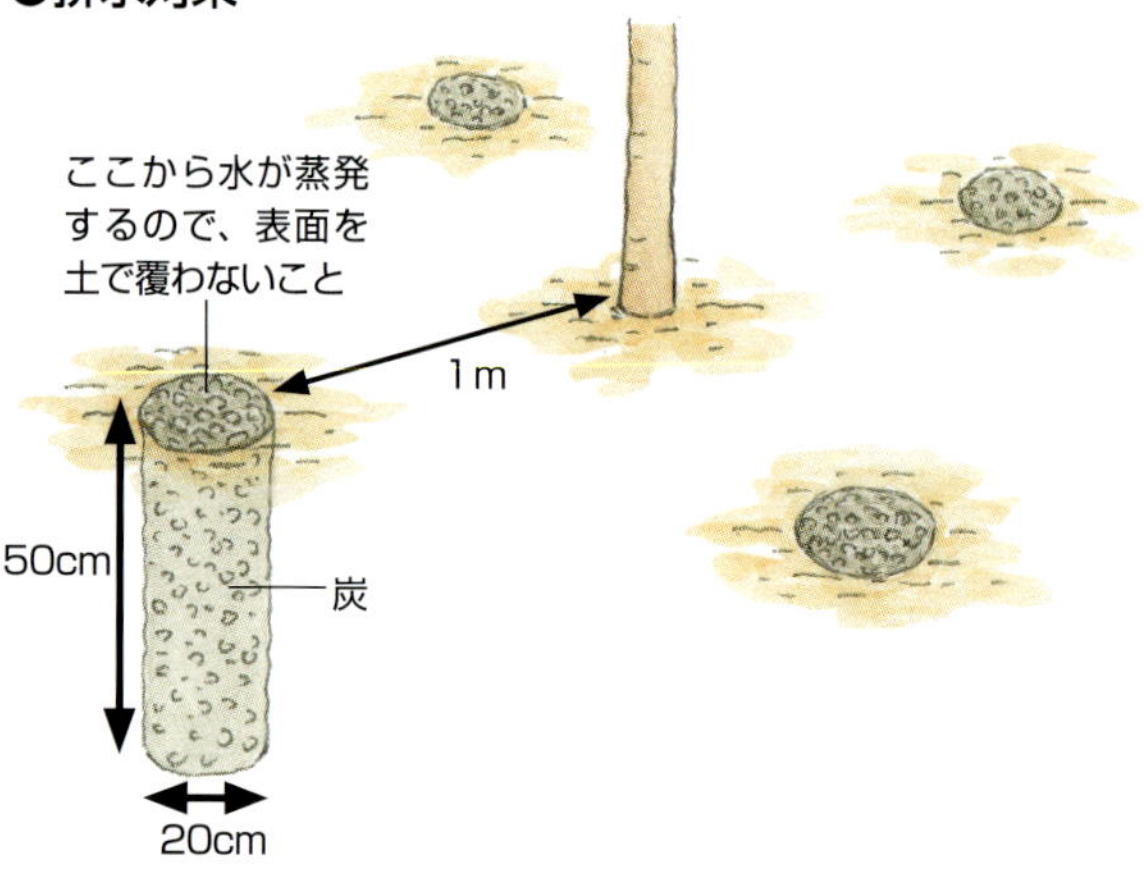
ここから水が蒸発するので、表面を土で覆わないこと
1m
50cm
炭
20cm

木の周囲数か所に穴を掘り、中に炭を詰め込む。本来は木が活動を停止している冬に行うが、雨後に水がたまるようなときにはすぐに行う。

イチジクでつくる緑のカーテン

近年、部屋の温度を下げることを目的として、日よけに窓際や壁面一面につる性植物を這わせる「緑のカーテン（グリーンカーテン）」がポピュラーになってきました。実際に、植物をこのように栽培することで、戸外と室内との温度差が顕著に現れ、これによってエアコンの利用を減らすことができるようになったとの声が聞かれるようです。

イチジクはつる性植物ではありませんが、その旺盛に長く伸びる枝や大きな葉は日よけとして十分に使え、一文字仕立て（42ページ参照）や扇仕立て（40ページ参照）などの仕立て方を選べば、緑のカーテンとして利用することが可能です。緑のカーテンをつくろうとする窓や壁面のそばに直接植えて仕立てればよいのですが、鉢植えも不要な時期には移動できて便利です。

一文字仕立ての‘ドーフィン’。夏の間に枝が2m以上にも伸びるので、日よけの効果はバッチリ。緑のカーテンには‘ドーフィン’のほか、同様に樹勢の強い‘イスラエル’、‘ビオレ・ソリエス’、‘蓬莱柿’などが向く。

夏季剪定　適期＝7月中旬〜8月上旬

イチジクの場合、一般的に1本の結果枝に結実させる数は最大で13〜15個とされています。それ以上ならせても、成長しきる前に秋が深まり、気温が下がって完熟させることが難しいからです。そのため、結果枝は成葉17枚を残して切り戻します。この作業は梅雨中に済ませるのが理想です。

その後、夏季剪定した結果枝から副梢が伸び出したら、先端の2〜3本は残し、ほかはつけ根から切り取ります。残した副梢に来年、夏果がつきます。

残した副梢が50cm以上に伸びたら摘心します。

結果枝は成葉17枚を残して切り戻す。まだ葉が開いていない芽先部分を摘み取ってもよい（摘心）。

樹液にご注意！

生育中のイチジクの枝を切ったり、芽かきを行うと、切り口から白い液が出てきます。この乳汁にはタンパク質を溶かす酵素（タンパク質分解酵素）が含まれており、これに触れると肌の弱い方は指先の皮膚が侵され、激しい場合は出血することもあるので、ゴム手袋をはめて作業を行うと安心です。この乳汁を昔の人は「いぼころり」といって、イボを取るのに利用していたという話も残っています。

切り口から流れ出した樹液。

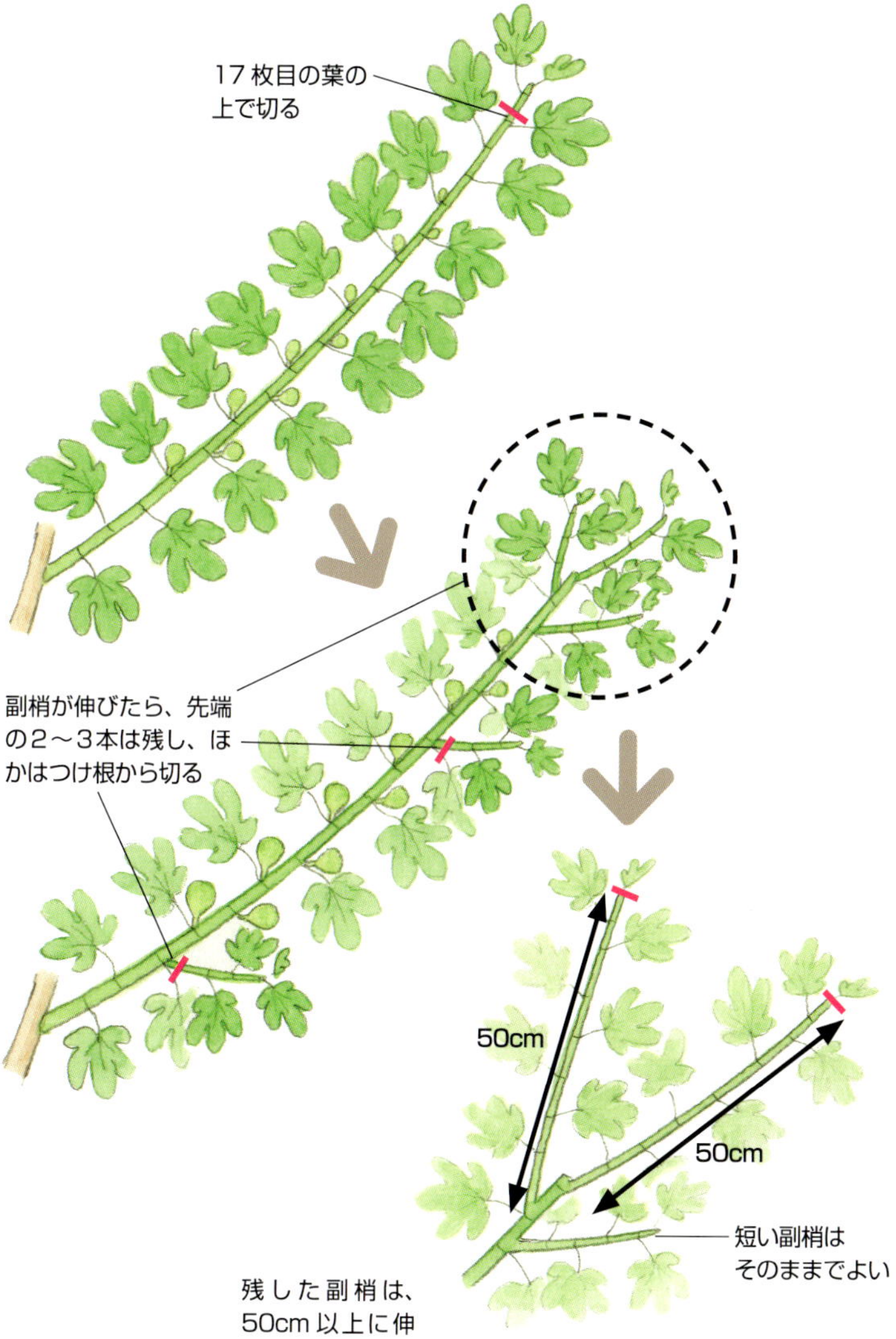
17枚目の葉の
上で切る
副梢が伸びたら、先端
の2～3本は残し、ほ
かはつけ根から切る
50cm
50cm
短い副梢は
そのままでよい
残した副梢は、
50cm以上に伸
びたら摘心する。

8月

連日、強烈な日ざしが照りつけ、高温乾燥が続きます。イチジクは一度でも水切れさせると、葉が傷んだり、枯れ落ちたりして、収穫もままならなくなります。鉢植えはもちろんですが、庭植えのものも、乾きすぎないよう水やりに注意しましょう。

収穫最盛期。水切れしやすいなら少し遮光を。

8月のイチジク

下旬には秋果も収穫が始まります。7月の中旬から9月の中旬までは夏果、秋果の収穫最盛期になります。成長は、枝を太らせ、果実を大きく太らせるといった充実の段階ですから、すべての枝葉や果実に光が当たるよう管理します。しかし、鉢植えは強い日ざしが当たると鉢土の乾燥も激しくなり、水切れを起こしやすくなるので、少し遮光（遮光率30％程度）してやったほうが安心です。

●主な作業

収穫　上旬から中旬は引き続き夏果が収穫でき、下旬には秋果の収穫も始まります。果実をよく見て完熟果を収穫するようにしましょう（74ページ参照）。

除草　雑草は随時抜き取ります。

●鉢植えの管理

置き場　強烈な日光を避け、半日陰に置きます。

水やり　毎日、たっぷりと与えます。葉の上からかけたのでは鉢内に十分に水が行き渡らないことがあるので、鉢内にジョウロの先を入れて確実に与えます。

肥料　施しません。

●庭植えの管理

水やり　土の乾き具合を見て、ひどく乾いているようならたっぷりと与えます。

肥料　施しません。

●病害虫の防除

枝、葉にカミキリムシなどの食害の痕がないかチェックをしっかりと行い、発生していたら適宜捕殺・防除します。疫病、黒かび病の防除も徹底しましょう（118ページ参照）。

●水やり

水はジョウロの先を鉢内に入れて与える。

イチジク料理を楽しもう

レシピ●杉本明美さん

庭やベランダで、収穫したらすぐ食べる。
とても贅沢な瞬間です。
でも、もうひと手間加えれば、
イチジクのさらなる魅力に気づくはず。
さあ、チャレンジしてみてください。

＊レシピ内のイチジクの個数は、果実の大きさによります。
このレシピでは‘ドーフィン’を基準にしています。

‘ザ・キング’

凍らせるだけで、絶品のシャーベット！

イチジクのシャーベット

つくり方は簡単。収穫したイチジクを冷凍庫に入れるだけ。凍ったら取り出し、少し解凍しかかったころが最もおいしい。特に糖度が高く皮をむく必要のない‘カドタ’や‘カリフォルニア・ブラック（上写真）’、‘ザ・キング’などがおすすめです。

イチジクのソース

イチジクの甘みにレモンの酸味を添えて。野菜にも、生ハムにもよく合います。

8
月

❶イチジクは皮をむき、フードプロセッサーでピュレ状にする。
❷オリーブオイル、レモン汁を混ぜ合わせ、クレージーソルトで味を調える。
❸生ハムや皮をむいたイチジク、好みの野菜とともに器に盛る。ソースをつけて食べる。

■**材料**（2人分）
イチジク……………………2個
オリーブオイル…大さじ1・1/2
レモン汁………………小さじ1
クレージーソルト＊………適量
生ハム、イチジク（生食用）、好みの野菜（ニンジン、アスパラ、キュウリ、ベビーリーフなど）……適宜
＊クレージーソルト：岩塩にハーブなどを混ぜた調味料。

イチジクのクッキー

しっとりとしたやさしい味のクッキーです。輪切りにしたイチジクがかわいい。

❶無塩バターをボウルに入れてクリーム状になるまで練る。グラニュー糖を加えてよく混ぜたら、とき卵も加えて混ぜ合わせる。
❷薄力粉とベーキングパウダーを合わせてふるい、①に加えて混ぜ合わせる。
❸②を8等分にして丸め、平たくする。輪切りにしたイチジクをのせ、押さえて生地になじませる。
❹180℃に予熱したオーブンに入れ、約15分焼く。
＊あればイチジクジャムを表面に塗ると風味が増す。

■**材料**（8枚分）
無塩バター…20g（室温に戻す）
グラニュー糖………………15g
卵………1/2個分（といておく）
薄力粉……………………80g
ベーキングパウダー…小さじ1/2
イチジク…………2個（輪切り）
イチジクジャム……………適宜

イチジクのクランブル

イチジクをたっぷりと詰め込んだ贅沢なスイーツです。果実の甘みに合わせてグラニュー糖の量を加減しましょう。

❶クランブルをつくる。ボウルにCの薄力粉、アーモンドパウダー、グラニュー糖を混ぜ合わせ、冷蔵庫で30分以上冷やす。
❷Cの無塩バターを①に加えすり混ぜる。小さなそぼろ状になったら冷蔵庫で冷やしておく。
❸フライパンに、Aのグラニュー糖と水を入れて弱火にかける。カラメル状になったらAのイチジク、無塩バターを加え、よく混ぜ合わせたら火からおろし、冷ます。
❹ボウルにBの卵をとき、グラニュー糖を加えて白っぽくなるまでよく混ぜたら、アーモンドパウダーを加えて混ぜ合わせる。
❺Bの薄力粉とベーキングパウダーを合わせてふるい、④に加えて混ぜ、③のイチジクを加えて混ぜ合わせる。
❻角型に⑤の生地を流し入れ、その上に②を敷き詰める。170℃に予熱したオーブンに入れ、約45分焼く。
❼粗熱が取れたら型から出す。

■材料（20×20cm 角型）

A
- イチジク……約３個（150g。2cm 角に切る）
- グラニュー糖……30g
- 水……20g
- 無塩バター……20g

B
- 卵……１個
- グラニュー糖……40g
- アーモンドパウダー……20g
- 薄力粉……50g
- ベーキングパウダー…小さじ1

●クランブル

C
- 薄力粉……80g（ふるいにかけておく）
- アーモンドパウダー……80g
- グラニュー糖……65g
- 無塩バター……65g（5mm角に切り冷やす）

8月

イチジクのゼリー　コンポートのせ

イチジクのおいしさをまるごとギュッと凝縮したゼリーです。
もともと果肉の柔らかいイチジクは、煮すぎないよう注意します。

■材料（2人分）

イチジク	2〜4個
グラニュー糖	60g
レモン汁	大さじ1
粉ゼラチン	6g

❶小鍋に水300㎖、グラニュー糖、レモン汁を入れて混ぜ合わせる。洗ったイチジクを皮ごと入れ、弱火にかけて3〜5分、火が通るまで煮たら火からおろし、そのまま冷ます。
＊煮汁はあとで使うので捨てないこと。

❷大さじ2の水に粉ゼラチンを入れ、ふやかす。
❸①の煮汁200㎖を鍋に入れて火にかけ、②のゼラチンを加えて煮とかす。バットに流し、冷やして固める。
❹固まった③のゼリーをスプーンですくって器に入れ、①のイチジクのコンポートを盛りつける。
＊好みで、生クリームのホイップ（生クリーム50㎖、砂糖5g）やミントを飾る。

8
月

9月

中旬くらいまでは残暑が残りますが、朝夕には涼しさが感じられるようになります。収穫はまだ続きますが、そろそろ来年の成長のことも考えた管理・作業が必要になってきます。収穫の感謝も込めて、追肥は忘れずに施しましょう。

秋果の収穫最盛期。写真は'ドウロウ'。

9月のイチジク

成熟果の量は9月上旬がピークで、その後は気温の低下とともに少なくなります。

秋果の収穫が少なくなるころから秋根の伸長が始まり、10月中旬まで続きます。根は、春に新根を旺盛に伸ばし、夏にはいったん緩慢になります。しかし、秋には再び旺盛に新根を伸ばし、これを秋根といいます。

葉でつくられた栄養分は、果実の成熟のためにも使われますが、翌年に備えて貯蔵されます。翌年にどれだけの果実ができるかは、この時期の貯蔵養分の量によって決まるといっても過言ではありません。病害虫や台風などで葉を落とさないよう気をつけます。

●主な作業

収穫　8月に引き続き、秋果の収穫が続きます（74ページ参照）。量は次第に減ってきます。

除草　雑草は随時抜き取ります。

●鉢植えの管理

置き場　暑さが続いている間は半日陰の場所に、暑さがゆるんできたらしっかりと日光の当たるところに置きます。

水やり　まだまだ暑さもかなり厳しく、乾燥しやすいので、毎日たっぷり与えます。

肥料　夏果専用種には追肥を施します。植えつけ1年目の株は油かす主体の固形肥料（中粒）を5個程度、植えつけ2年目以降であれば10個程度施します。秋果を収穫中で、結実が多く、多少葉の色が悪くなった株には、液体肥料を葉面散布するのが効果的です。

●庭植えの管理

水やり　土の乾き具合を見て、乾燥しているようならたっぷりと与えます。

肥料　夏果専用種には追肥として、硫安（硫酸アンモニウム）を1株当たり5g程度施します。

●病害虫の防除

この時期に病害虫の被害を受けると、貯蔵養分の蓄積が減り、翌春の成長に影響を及ぼします。被害を出さないように特に気をつけます。

オイル処理　　適期＝8月下旬〜10月中旬

農家では熟期を早めて、商品価値を高めたり、収穫作業を能率よくして労力を分散させるといった目的のためにオイル処理（オイリング）を行います。家庭園芸では、秋口に気温が下がり熟しきれない可能性があるときに、果実を早く収穫するため行うとよいでしょう。その場合、9月中〜下旬に行います。
オイル処理した果実は翌日から急速に肥大が始まり、色づき始め、成熟が7〜10日は早くなります。

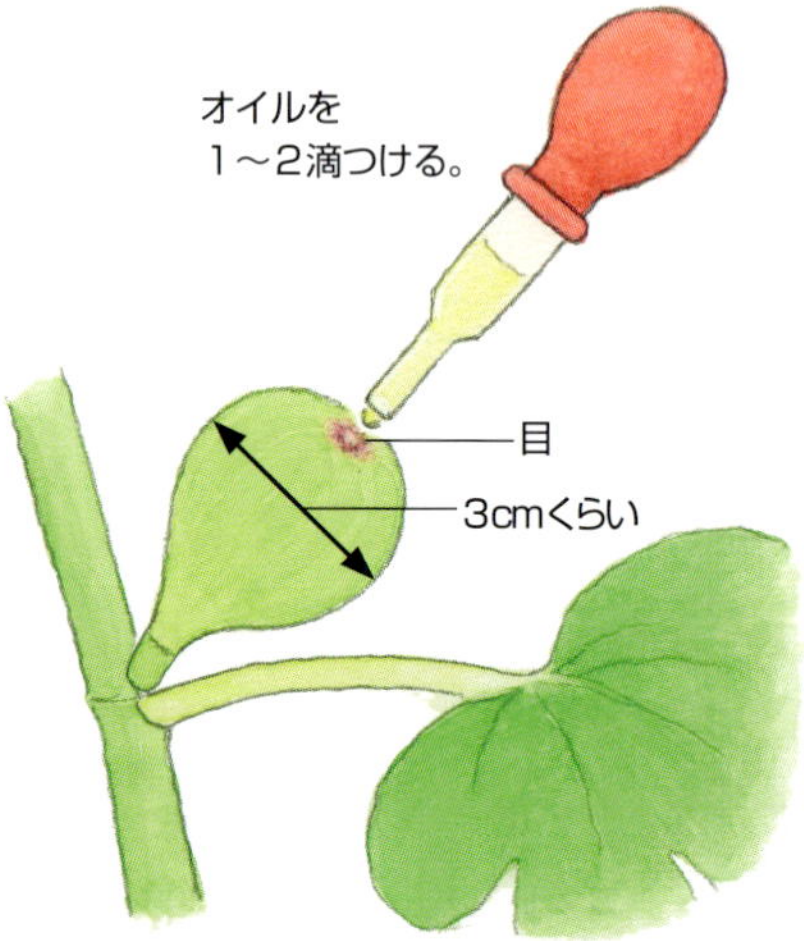

オリーブオイルやナタネ油などの植物油を、果径3cmくらいのときに、果実の目に筆や綿棒、スポイトなどで1〜2滴つけてやるだけ。

注意！

オイルは目の部分だけにつけます。果皮につくと黒褐色の油染みのような斑点ができます。また、処理時期は早ければよいというわけではなく、適期になった果実でないと効果は出ません。ときには果実が小さくしなびて落果することもあります。

オイル処理は、果径が3cmくらいのときに行う。まだ小さな果実に処理すると生育が止まって収穫できなくなり、時期が遅いと熟期を早める効果がはっきり表れない。
植物油に含まれるオレイン酸が分解して、エチレン（果実の成熟を促進する植物ホルモン）になるため、熟期が早まるのだといわれている。

イチジクの機能性

ペクチンによる整腸作用

イチジクは、食物繊維が多く含まれるので便通がよくなり、美容にも効果があるといわれています。ヨーロッパでは便秘の妙薬としてイチジクジュースが売られているくらいです。

この食物繊維というのは水溶性の食物繊維・ペクチンのことです。イチジクはペクチンを、モモやリンゴの3倍、ブドウの6倍も含んでいます。ペクチンはさまざまな酵素との相乗効果もあり、生体に有害な活性酵素を中和させる抗酸化作用があるほかに、腸に入ると乳酸菌の発酵を促し、大腸菌などの繁殖を抑える働きなどもあります。また、ペクチンは血糖値やコレステロールも下げるともいわれています。

消化を助ける分解酵素も

イチジクには、タンパク質分解酵素のフィシンが含まれ、パイナップルやパパイヤと同様に、肉を柔らかくする働きがあります。肉を食べた後にイチジクを食べると、肉の消化を助けてくれるのです。イチジクは乾燥させると、カリウムが100g中840mg、カルシウムが130mgと果物のなかでも際立って多く、高ミネラル食品でもあります。

9月

10月

朝夕涼しくなって、イチジクの生育期も最終段階に入ります。意外にも、これから落葉までの期間の株の状態が、翌春の成長に大きな影響を及ぼします。収穫が終わったからと、管理を怠らないようにしましょう。

結果枝の一番上の果実が熟したら、今年の収穫は終了。写真は‘セレスト’。

10月のイチジク

秋果の収穫もそろそろ終盤を迎えます。9月中旬に伸び始めた秋根は、今月中旬までは伸び続けます。追肥は忘れずに施します。翌年用に貯蔵する栄養分をできるだけ長くつくり続けられるよう、自然に落葉するまで葉を大事にすることが大切です。

●主な作業

収穫　下旬まで秋果が収穫できます。

除草　越冬する雑草も伸びてくるので、随時抜き取ります。

●鉢植えの管理

置き場　日当たりのよい場所に置きます。

水やり　まだ乾きやすいのでたっぷり与えます。

肥料　夏果専用種は、追肥を9月に施していなければ、急いで施します。夏秋果兼用種と秋果専用種も収穫を終えしだい、植えつけ1年目の株なら油かす主体の固形肥料（中粒）を5個程度、植えつけ2年目以降であれば10個程度施します。秋の追肥が多すぎると、いつまでも枝が伸び続け、そうした枝は耐寒性が落ち、冬に枯れやすくなります。施肥も、腹八分目が大事です。

●庭植えの管理

水やり　乾燥するなら、たっぷりと与えます。

肥料　9月に追肥を施していなければ、硫安（硫酸アンモニウム）を1株当たり5g程度施します。鉢植え同様、施しすぎに注意します。

●病害虫の防除

病気の葉、枯死した葉などは、見つけしだい取り除きましょう。

秋の追肥が多すぎると…

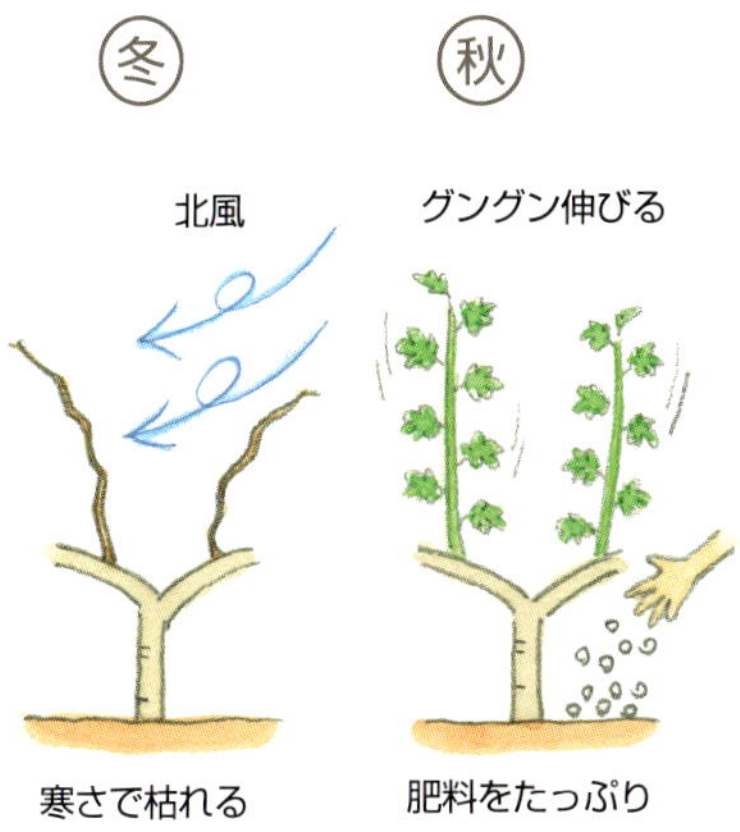

葉の色が徐々に緑から黄色になる。

11月

上旬は秋晴れが続き、紅葉の美しい季節です。気温が徐々に下がり、中旬からは肌寒さを感じるようになります。夏から秋の間、旺盛に枝葉を伸ばし、果実をつけていたイチジクの生育期も終わりを告げます。

11月のイチジク

10月までは成長が続き、果実の収穫が続いていたイチジクも、11月に入ると葉が徐々に黄色っぽくなり、やがて落葉を始めます。中旬ごろにはすっかり葉を落とし、翌春の3月中旬まで休眠期となります。休眠期には、植えつけ、冬季剪定、今月はまだ行いませんが寒肥の施肥など重要な作業が案外多くあります。

●主な作業

植えつけ　植えつけ（秋植え）が可能です。植えつけ後の成長を考えると秋植えのほうがよいのですが、冬場にしっかりとした防寒対策を施す必要があるので、家庭では春植えをおすすめします。

冬季剪定　落葉して休眠に入ったら行えます。庭植え、鉢植えとも、できれば2月中旬までに、どんなに遅くなっても3月上旬までには済ませます（101ページ参照）。凍霜害が心配な寒冷地では、厳寒期が過ぎる2月下旬から3月上旬が適期です。

●鉢植えの管理

置き場　日当たりのよい場所に置きます。

水やり　暖かい日が続くと地中の水分も蒸発が激しいので、乾かしすぎないように水はしっかり与えます。

肥料　施しません。

●庭植えの管理

水やり　必要ありません。

肥料　施しません。

●病害虫の防除

病原菌や害虫の越冬場所となることがあるので、落葉後は枝に残る未熟果や枯れ葉をすべて取り除き、地上に落ちた果実や枯れ葉、枯れ枝も拾い集めて処分します。

枝に残る未熟果や
枯れ葉を取り除く。
落ちた果実や枯れ葉、
枯れ枝を集めて処分。

12月

いよいよ冬本番となり、冷たい季節風も吹き始めます。しかし、寒さはまだ長続きはせず、穏やかで暖かな小春日和の日もあります。イチジクは寒さにはあまり強くないので、今のうちに防寒対策を施しておきましょう。

夏果がとれる品種では、前年枝に夏果がつく。すべての枝先を切らないよう注意。

12月のイチジク

すっかり葉を落としたイチジクは、ほぼ活動を停止して休眠中です。鉢植えは鉢土の乾きも遅くなりますが、水やりを忘れて完全に乾かすことがないように注意します。冬季剪定、寒肥の施肥などの作業は年が替わってからもできますが、なるべく早めに済ませてしまいましょう。

●主な作業

防寒対策　冷え込みが厳しくなるにつれ、凍害や霜害に注意が必要になってきます。特に幼木は被害を受けやすいので、厳寒期に入る前に防寒対策をとっておくと安心です（100ページ参照）。

敷きわらの撤去　乾燥防止などのため夏の間にしていた敷きわらは、早めに撤去しましょう。そのまま放置しておくと、敷きわらが昼間の地温の上昇や、夜間の地面からの放熱を妨げるため、気温がより低下し、寒害を助長します（49ページ参照）。

冬季剪定　落葉して休眠に入ったら行います。庭植え、鉢植えとも、できれば2月中旬までに、どんなに遅くなっても3月上旬までには済ませます（102ページ参照）。凍害が心配な寒冷地では、厳寒期が過ぎる2月下旬から3月上旬が適期です。

表土の掃除　庭植えは、株まわりの土の表面をきれいにしてから寒肥を施します（116ページ参照）。鉢植えも、鉢土の表面の部分を削り取り、草の種子や肥料かすなどのゴミをきれいに掃除して、新たに完熟堆肥や培養土などを足してやります（114ページ参照）。

●鉢植えの管理

置き場　日当たりのよい場所に置きますが、成木、幼木とも朝晩の寒さには注意が必要です。

水やり　鉢土が乾きすぎないように、5～7日に1回与えます。

肥料　下旬に寒肥（元肥）を施します。植えつけ2年目以降の株には、油かす主体の固形肥料（中粒）を10号鉢で1鉢当たり20個施し、その上から完熟堆肥で覆います（114ページ参照）。

●庭植えの管理

水やり　必要ありません。

肥料　鉢植え同様、下旬に元肥を施します。油かす主体の固形肥料（大粒）を1株当たり10〜30個施し、肥料を覆うように完熟堆肥でマルチングします（116ページ参照）。

●病害虫の防除

病原菌や害虫の越冬場所となることがあるので、枝に残る未熟果や枯れ葉をすべて取り除き、地上に落ちたままの果実や枯れ葉、枯れ枝も拾い集めて処分します。

剪定で出た枯れ枝は必ず拾い集め、処分する。

防寒対策　　適期＝12月上旬〜4月上旬

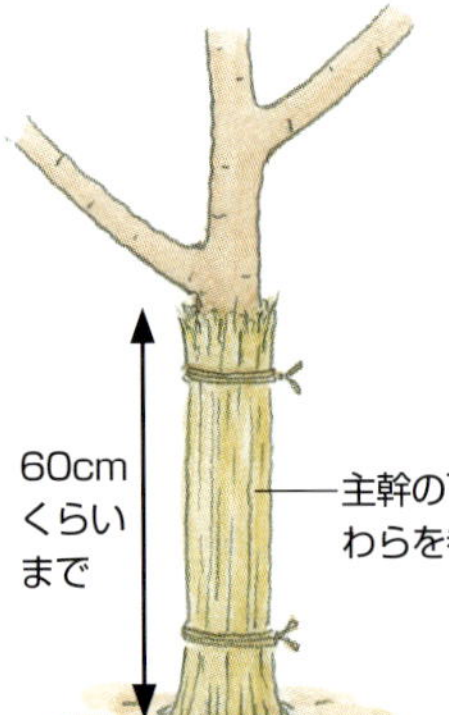
主幹の下部に
わらを巻く

背の低い木なら
不織布ですっぽ
り覆う

冬季剪定を行う前に

冬季剪定は、コンパクトな整った樹形を保つために欠かせない作業です。イチジクの場合、夏果を収穫するか、秋果を収穫するかによって、その剪定方法が異なります。

●夏果を収穫する場合

夏果は、充実した前年枝（結果母枝）の、おもに先端部付近の数節につきます。したがって、間引き剪定を主体とし、前年枝の先端を切り戻さないようにします（111ページ⑧の写真参照）。ただし、間引き剪定だけでは木がどんどん大きくなるので、コンパクトな樹形維持のためには部分的に前年枝を強く切り戻し、切り替え候補の枝（予備枝）をつくっておきます。

●秋果を収穫する場合

秋果は、前年枝から発生する新梢の各節につきます。そのため、勢いのそろった新梢を一定本数確保することと、大きくなるのを抑えるため前年枝の切り戻し剪定を基本とし、混み合った部分は適宜間引きます。一文字仕立てでは、樹形完成後は毎年前年枝を基部から1〜2芽残してすべて切り戻します（112ページ参照）。

●夏果も秋果も収穫する場合

間引きと切り戻しを適度に混ぜて剪定します。秋果専用種とされる'蓬莱柿'では、前年枝を切り戻さず間引き剪定を主体とすることにより、夏果と秋果を収穫することが可能です。

冬季剪定　　適期＝11月中旬～3月上旬

落葉してから3月上旬までに済ませれば、いつ行ってもかまいません。しかし、寒冷地で凍霜害が心配な地域では、厳寒期が過ぎる2月下旬～3月上旬が適期です。

冬の剪定は、基本的に不要枝を切除し、残した枝は切り戻します。60cm以上伸びた新梢はすべて、基部から2節程度残して切り戻します。30～50cm程度伸びたものは、半分くらいの長さに切り戻しますが、翌年の夏果が収穫できるものは、そのままで切り戻しません。30cm以下で充実していない枝は、基部の1節で切り戻し、充実していれば、夏果を結実させるために切り戻しはしません。

庭植えの冬季剪定（夏秋果兼用種）

樹勢が非常に強い‘イスラエル’という品種。主幹形仕立てで、樹高は3mほど。すでに明らかな不要枝は切除してある。

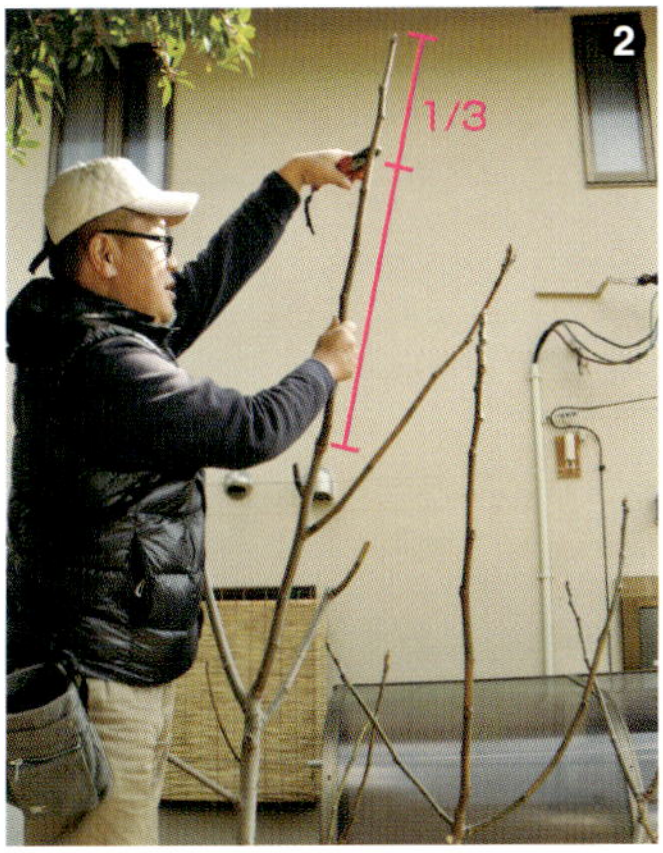

まずは主幹を３分の１程度切り戻す。あまり短く切ると強い枝が伸び出すので、長め（軽め）に切るのがポイント。背を低くしたい場合は、翌年もう一度切って短くする（2度切り）。

主幹に合わせ、下の枝も順に、３分の１を目安に切り戻す。必ず外芽の少し上で切る。

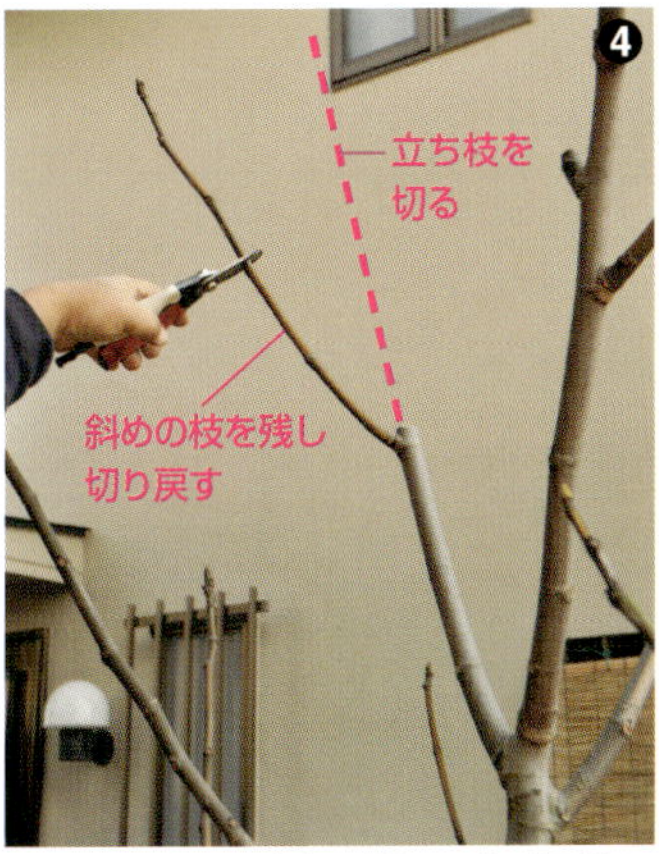

強い立ち枝は、途中の斜めに伸びる枝に切り替え、切り替えた枝も切り戻す。

主幹から伸びる弱い枝はつけ根から切る。

この位置に残したい枝だが強すぎるので、芽のある節を残して切る。春に残した芽から枝が伸びる。

下方の短めの枝は、半分程度に切り戻す。

分枝させたいときは、２節ほど残して切り戻す。

同じ主枝から伸びた枝でも、新梢の成長をそろえるため、より高い位置から伸びた枝を長めに、低い位置から伸びた枝は短めに切る。

切り口には木工用ボンドなどを塗っておく。

剪定終了。夏果をとるために下のほうの枝は切り戻さなかった。
主枝から伸びた右の2本の枝は、立ち気味で強いが、短く切ると強い枝が伸び出すので、これ以上は切れない。そこで、枝が斜めになるよう誘引する。

誘引

太めの枝にひもをかける。枝が太ってもくびれないようにゆるめに縛る。

ひもを引っ張って目標の角度まで枝を倒し、コンクリートブロックや打ち込んだ杭にひもを固定する。

誘引完了。春に伸び出した新梢の葉が 10 枚くらいになったころ、誘引の角度などを再確認する。

枝の切り残しの処理

冬季剪定時に、前回の剪定で切った枝の枯れた切り残しも、切り直しておきます。そのときに虫が入っていたり、腐り込んでいたら、その処置が必要です。ほうっておくと、そこから枝が枯れ込むことがあります。

前年の剪定の切り残し。イチジクの枝は、ほうっておくと中が空洞になる。

枯れた部分を切り直す。異常がなければそのまま癒合剤を塗っておく。

この切り残しには虫が入り込んでいた。虫はほじくり出す。

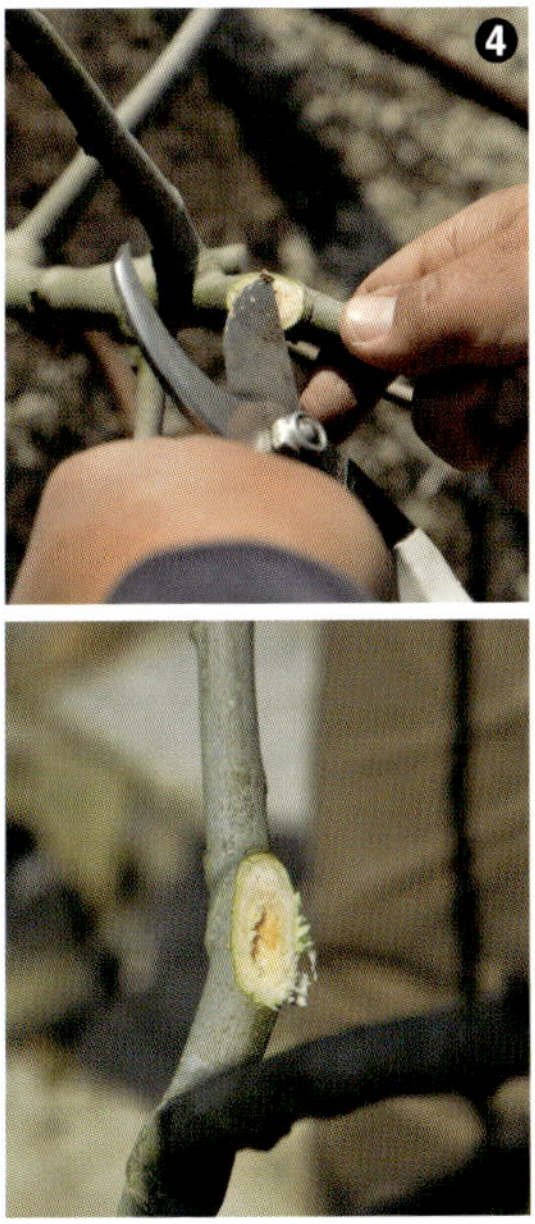

食害部分や腐った部分は、正常な部分まで削る。

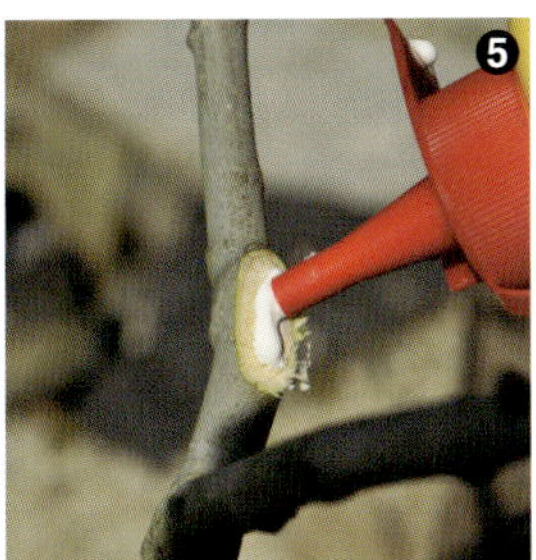

傷口全体に木工用ボンドなどを塗っておく。

見比べてみよう！　切り戻しのみの木と間引きも行った木

経験が浅い時期は、剪定をしてもついつい枝を多く残しがちです。そんな切り戻しただけの木と、間引きもしっかり行った木をじっくりと見比べて、その違いを確認しましょう。次に剪定を行うときにきっと役立ちます。この木は、主枝３本を斜めに立てる、開心自然形といわれる仕立てです。

切り戻しのみ行った

残した枝が明らかに多い。このままでは、春に伸び出した新梢が混み合いすぎてしまう。全体に強く（短く）切り戻してあるが、これは樹勢がそれほど強くない品種だから暴れてしまう心配はない。長く残している前年枝は、夏果をつけさせるためのものだが、数が多めで、集中している部分もある。

間引きも終えた（完成形）

枝数が少ないが、あらゆる方向にまんべんなく配置されている。これなら、春に伸び出したすべての新梢が日光を十分に受けられる。夏果用の枝は、かなり枝数を抑え気味にしている。枯れ枝や前年に剪定した枝の切り残し部分もしっかり処理してある。あとは切り口に木工用ボンドなどを塗るだけ。

鉢植えの冬季剪定（夏秋果兼用種）

剪定前の株。

最初に、根元から発生しているひこばえを、つけ根から切る。

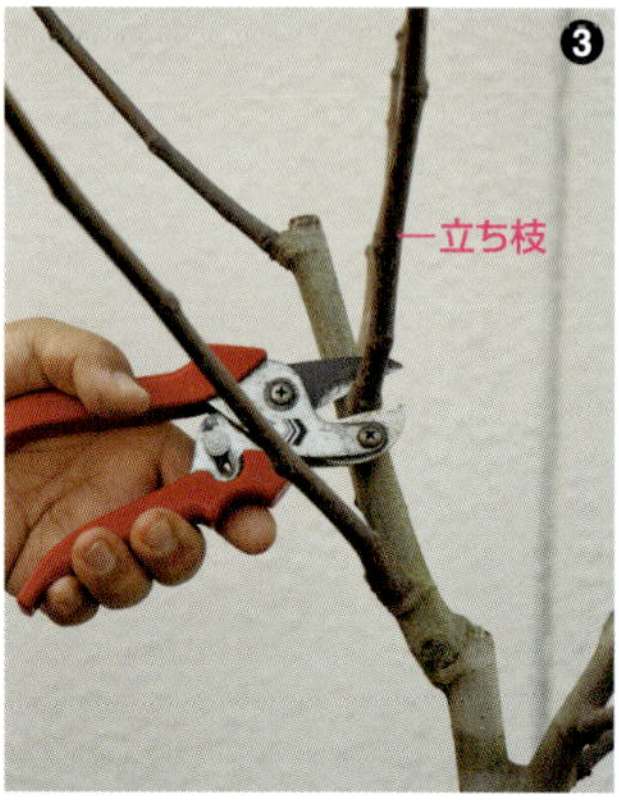

次に交差枝や立ち枝をつけ根から切る。これは立ち枝。

残した枝は、分枝させるために３分の１程度切り戻す。必ず外芽で切る。夏果を収穫したければ、今年伸びた枝のうち一部の枝は切らずに残す。

もう一方の主枝も、立ち枝を切る。

同様に、残した枝は3分の1程度切り戻す。

切り口に木工用ボンドなどを塗る。

完成。右側の充実した枝は、夏果を収穫するため切り戻さなかった枝。

一文字仕立ての冬季剪定

秋果しか収穫しない仕立て方なので、毎年、新しく伸びた枝をすべて１～２節残して切るだけです。

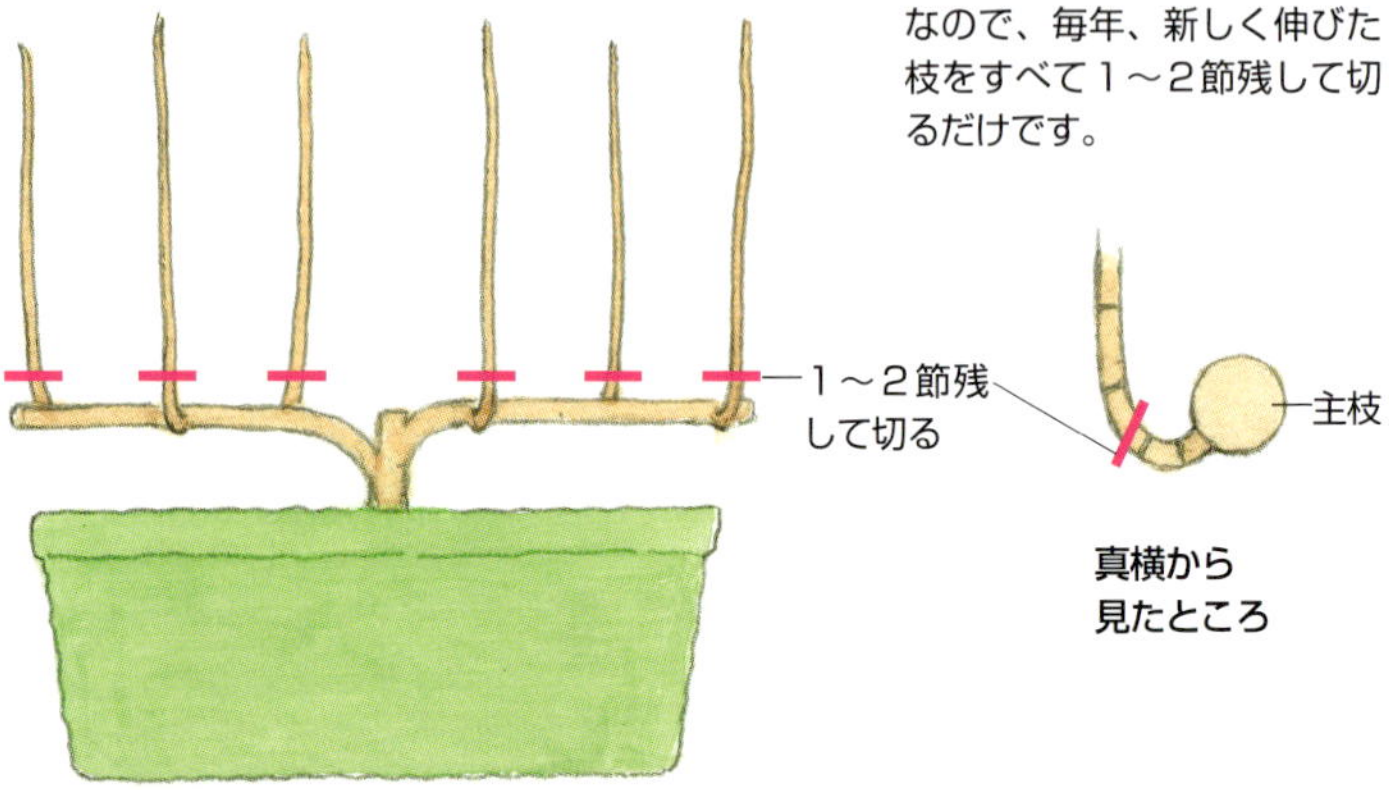

農家が栽培している一文字仕立てのイチジク‘ドーフィン’。主枝は長いが、剪定の基本は同じ。枝は１～２節目の下向きの芽、なければ横向きの芽の節で切ってある。上向きの芽から伸びる新梢は伸びる勢いが強すぎて、果実がつかないことがあるため。

変わった樹形の木の冬季剪定

もともとは一文字仕立てにしていた鉢植えのイチジクを、夏果も収穫できるように剪定して3年たった木。枝の伸びもだいぶ落ち着いている。

強めに(30cmほどに)伸びた枝(上写真)だけ、半分程度に切り戻す。切る位置は外芽の少し上。

剪定後。短い枝にはまったく手をつけていない。枝が混み合っている場合は適宜間引く。

寒肥（鉢植え）　適期＝12月下旬〜1月下旬

鉢土の表面を削り取ってきれいにして、油かす主体の固形肥料を置き肥し、肥料が隠れるくらいに完熟堆肥で覆います。毎年、必ず行います。

雑草を抜き、古い肥料などの大きなゴミを取り除いたら、小型のクマデなどを使って、鉢土の表面1cmほどをかき取る。

地表付近の根は水や養分の吸収にあまり役立たないので、根が飛び出してきたり、引きちぎれてもかまわず、力を入れてガリガリやる。ただし、根元や幹に傷をつけないように注意して行う。

飛び出した根は、ハサミできれいに切っておく。

切った根やかき出した表土を取り除き、表面を整える。

油かす主体の固形肥料（中粒）を8号鉢で10個、10号鉢で20個、写真の12号鉢で30個、鉢土の表面にまんべんなく置く。

肥料が隠れるくらいに、完熟堆肥を加える。

表面をよくならす。肥料が隠れないようなら、さらに堆肥を足す。

作業完了。

寒肥（庭植え）　適期＝12月下旬〜1月下旬

株まわりの土の表面をきれいにして、油かす主体の固形肥料を置き肥し、肥料が隠れるくらいの厚さに完熟堆肥で覆います。毎年、行うことが大切です。

株まわりの雑草を抜き、落ち葉や枯れ枝、古い肥料などの大きなゴミを取り除いたら、小型のクマデなどを使って、土の表面を1cmほどかき取る。

地表付近の根は水や養分の吸収にあまり役立たないので、根が飛び出してきたり、引きちぎれてもかまわず、力を入れてガリガリやる。ただし、根元や幹に傷をつけないように注意して行う。

飛び出した根は、ハサミできれいに切っておく。

切った根やかき出した表土を取り除く。

株まわりがすっかりきれいになった。

木１本当たり油かす主体の固形肥料（大粒）を､幼木なら 10 個､成木なら 30 個､株まわりにまんべんなく置く。

肥料が隠れるくらいの厚さに、完熟堆肥で覆う。

完熟堆肥の表面をよくならして作業完了。

主な病害虫とその防除法

イチジクは、多くのほかの果樹と比べると、比較的病害虫が少ないと言えます。しかし、なかには発生すると収穫ができなくなったり、木が著しく弱ったり、枯れたりするようなものもあるので注意しましょう。普段から適切な管理・作業を心がけて、木を丈夫につくり、環境を整えて、なるべく薬剤に頼らない防除を目指しましょう。

薬剤を使用するときは、適用のあるものを、使用方法を守って使いましょう。

●イチジクの病害虫の発生時期

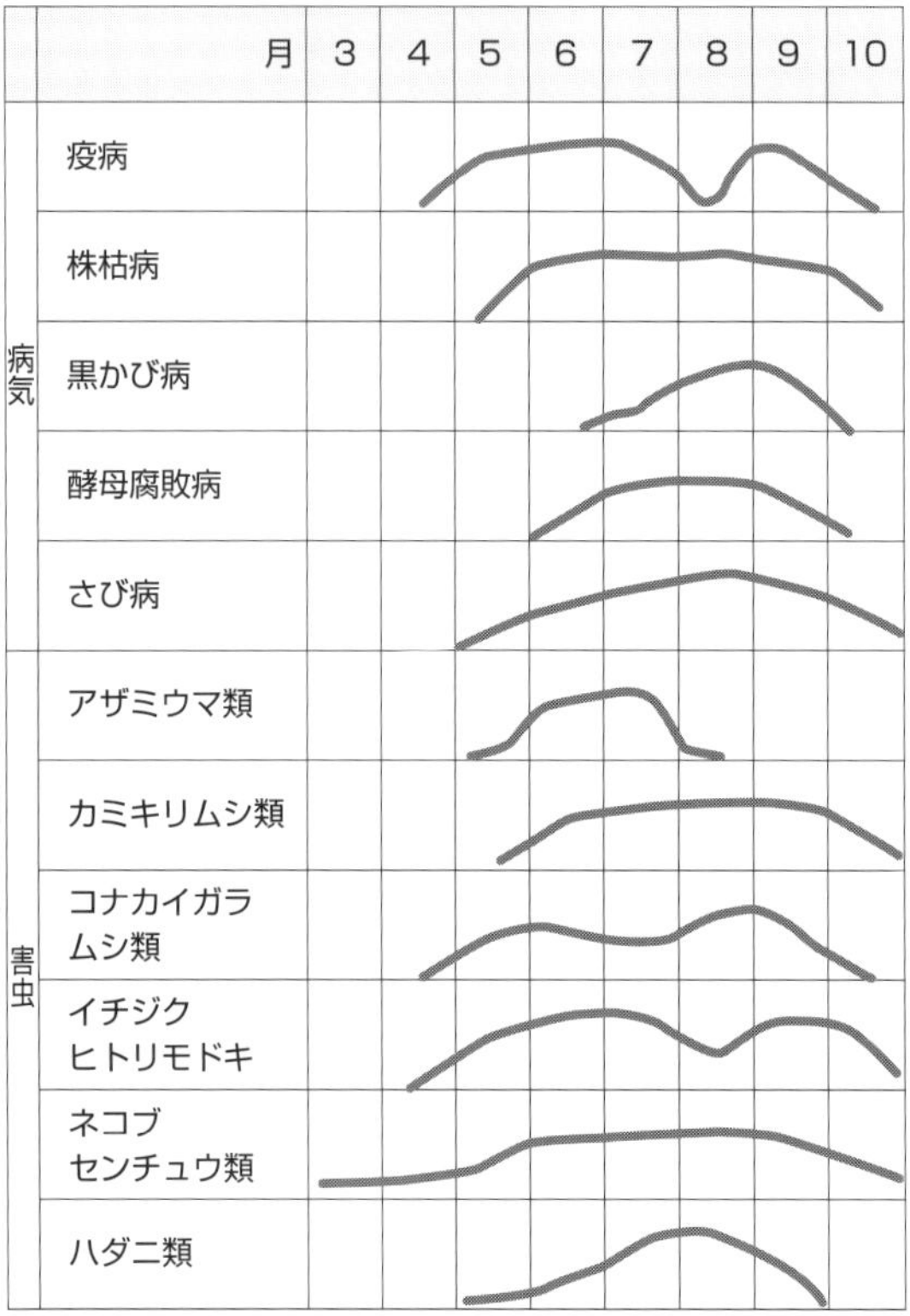

薬剤を使用するときは、表を参考に、それぞれの病害虫の発生初期といったん落ち込んで次のピークに向かう時期に予防的に散布し、その後は発生したら散布するようにすると効果的で散布回数も少なくてすむ。

病気

疫病

【症状】 果皮に暗緑色または暗紫色のややくぼんだ斑点ができ、のちに表面に白い粉状のカビを生じます。発病後に晴天が続くと、果実はミイラ化して枝に残ることがあります。新梢、葉にも発生し、ともに枯死します。特に'ドーフィン'に多く発生します。

【発病期】 梅雨期と秋雨期。

【防除法】 水はけがよくない場所では排水対策を施し（78ページ参照）、混み合った枝を間引いて日当たりと風通しをよくします。また、チッ素分を施しすぎないようにします。薬剤を使う場合は、予防的に梅雨期には銅水和剤、水酸化第二銅水和剤を10日間隔で散布し、収穫期間中はアゾキシストロビン水和剤、シアゾファミド水和剤、TPN水和剤を散布します。

株枯（かぶがれ）病

【症状】 結果枝の伸長が悪くなり、病状が進むと高温乾燥時に葉がしおれ、さらに進むと黄化、落葉し枯死します。また、主幹の地際部には黒褐色の不整形の斑点ができます。

【発病期】 成長期。

【防除法】 信頼できる種苗会社から無病の苗を購入します。一度病気が発生した場所には、抵抗性のある台木についだつぎ木苗を植えるようにします。効果のある薬剤はありません（44ページ参照）。

黒かび病

【症状】 果実の目（開口部）から軟化し、腐敗が始まります。発病した果実は落下せず、ハチ類、ハエ類、コガネムシ類が集まり吸汁します。

【発病期】 秋雨期をピークに、8月下旬〜収穫期終了まで続きます。

【防除法】 空気伝染だけでなく、昆虫によっても媒介されます。剪定や芽かきなどを適切に行い、枝葉が茂りすぎないようにして、日当たりと風通しをよくします。薬剤を使う場合は、収穫期の1週間ほど前にTPN水和剤、イプロジオン水和剤を散布します。

■酵母腐敗病

【症状】 目（開口部）周辺の果皮が軟化し、果肉が飴色に変色します。初期症状は黒かび病に似ていますが、この病気のほうが進行は遅く、発病初期から発酵臭があります。果汁が出て、やがてそれが固まります。

【発病期】 収穫を通して発生し続けます。

【防除法】 ショウジョウバエによって媒介されます。収穫を適期に行い、過熟果を樹上に残さないことが最重要。目にテープを貼ってハエの侵入を防げば、発生は完全に抑えられます。薬剤を使う場合は、ショウジョウバエに対しアクリナトリン水和剤を散布します。

■さび病

【症状】 葉の表面に黄褐色の微細な斑点ができ、

さび病が発症したイチジクの葉（上）と果実（下）。

やがて淡黄色をした粉状になります。
【発病期】 8月下旬ごろが発生のピークで、昼の気温が25℃を切るころに治まってきます。
【防除法】 病原菌が葉で越冬し、翌年の伝染源となるので、落ち葉は集めて土中深くに埋めるか、焼却します。薬剤を使う場合は、アゾキシストロビン水和剤、ヘキサコナゾール水和剤、ミクロブタニル水和剤を散布します。

害虫

アザミウマ類

【特徴と被害】 果実内部に侵入したときの傷や死骸が原因で、果実内の一部が黄褐色から黒褐色に変色し、腐敗します。
【発生期】 5月下旬から増加を始め7月下旬まで続きます。
【防除法】 木全体を目の細かい防虫ネットで覆うと侵入が防げます。薬剤を使う場合は、スピノサド水和剤、ペルメトリン乳剤、トラロメトリン水和剤などを発生期に2回散布します。

カミキリムシ類

【特徴と被害】 キボシカミキリやクワカミキリ

カミキリムシの成虫にかじられた枝。こうした痕があるときは、産卵されてすでに幼虫が幹に潜り込んでいると思ったほうがよい。

カミキリムシの幼虫に内部を食い荒らされ、上側半分が枯れた一文字仕立ての主枝。

の幼虫が、幹や枝の内部を食害して木を衰弱させます。樹勢の弱った木が特に被害を受けます。
【発生期】 幼虫は一年中、成虫は5月から9月。
【防除法】 成虫を捕殺し、ふんの出ている幹の穴に針金を差し込み幼虫を刺殺します。薬剤を使う場合は、キボシカミキリの成虫、幼虫にはアセタミプリド水和剤の散布。クワカミキリの幼虫には、食入孔にペルメトリンエアゾル剤を噴射します。また、両種とも、産卵初期から幼虫食入初期にMEP乳剤の原液を塗布します。

コナカイガラムシ類

【特徴と被害】 主に葉に発生しますが、多くなると果実にも発生します。吸汁された部分は色づきが悪く、排泄物にすす病が発生して黒く汚れます。近年、発生が増加傾向にあります。
【発生期】 6月上旬と8月上旬に多く発生。
【防除法】 ブラシで成虫や卵をこすり落とします。薬剤は、6月上旬にアセタミプリド水溶剤、ビプロフェジン水和剤などを散布します。

イチジクヒトリモドキ

【特徴と被害】 2007年に大阪で発生が確認された新しい害虫。幼虫は約4㎝になり、灰褐色で長い毛が目立ち、集団で葉を食害します。
【発生期】 6月から10月に発生。
【防除法】 幼虫を集団ごと捕殺します。薬剤を使用する場合は、BT水和剤、ペルメトリン乳剤、アセタミプリド水和剤などを散布します。

ネコブセンチュウ類

【特徴と被害】 根にコブをつくり、生育不良、果実の収量や品質の低下を引き起こします。
【発生期】 一年中。

【防除法】発生が見られたら、ホスチアゼート粒剤を樹冠下に散布します。

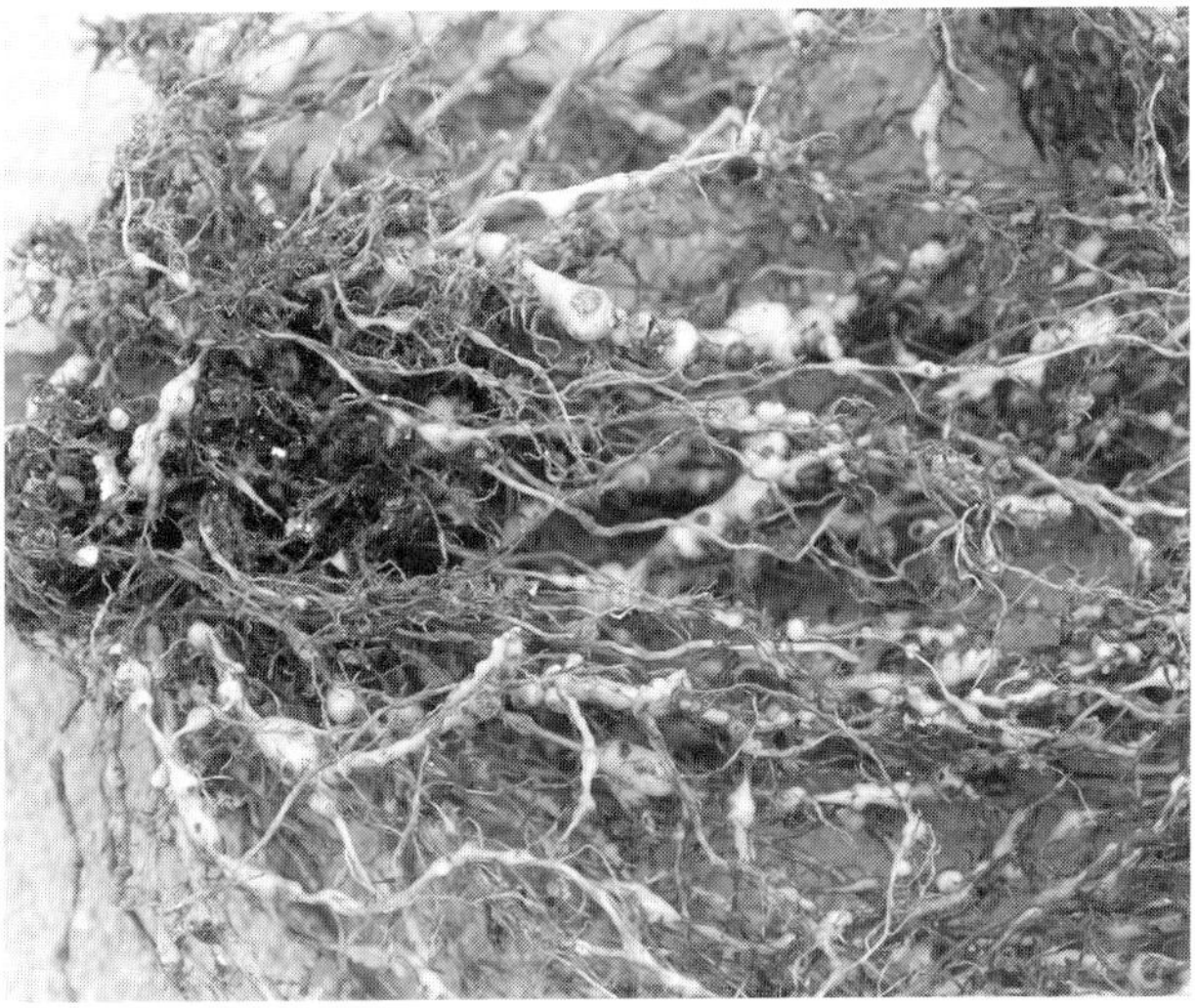
ネコブセンチュウの被害を受け、無数のコブができたイチジクの根。

ハダニ類

【特徴と被害】主にカンザワハダニが発生し、葉裏で吸汁します。多くなると果実にも移動して吸汁し、その結果、果皮が褐変・硬化します。イチジクモンサビダニは、肉眼では観察できない大きさですが、発生が多いと葉がモザイク状に退色したり、果実の着果不良を招きます。

【発生期】高温乾燥となる梅雨明け後から発生が多くなります。

【防除法】カンザワハダニには、発生初期にビフェナゼート水和剤、シフルメトフェン水和剤、エトキサゾール水和剤、ヘキシチアゾクス水和剤などを散布します。イチジクモンサビダニには、梅雨明け後にピリダベン水和剤、フェンピロキシメート水和剤、テブフェンピラド水和剤などを1～2回散布します。

 写真提供／岡山県農業総合センター病虫部（P120、P123）

栽培上手になるためのイチジクQ&A

Q 実がつかないのはなぜ？

木はよく育っているのに実がつきません。なぜでしょうか。

A 実がつかない原因としては、日照不足、鉢植えでは肥料不足などが考えられます。しかしよく育っているとのことですから、剪定方法が間違っているのではないでしょうか。冬に剪定で枝先を切り戻しませんでしたか？

夏果専用種の場合、前年の秋にはすでに枝先に幼果ができていて、これが春になると成長を再開して6月下旬から7月中旬ごろに成熟します。幼果を枝先といっしょに切ってしまっては、実はつきません。

夏秋果兼用種や秋果専用品種であれば、冬にすべての枝先を切り戻したとしても、春から伸び出す新梢に花芽ができるので、実（秋果）がつきます。

Q 実がおいしくない

収穫はできるのですが、食べてもおいしくありません。どうしたらおいしくできますか。

A 栽培している場所の日当たりはよいでしょうか。果実の成長には葉でつくられた糖が使われ、残った分は果実に貯め込まれます。日当たりがよくないと、葉で十分な光合成ができず、糖もあまり生産されません。そのため、果実に貯め込む糖が少ないので、甘みの足りないおいしくない実になってしまいます。

Q 肥料もおいしくない原因になります。どんな肥料を使っていますか？

化成肥料ばかりに頼っていると、土が悪くなって根の肥料分、特にカリ分の吸収が悪くなります。冬には寒肥として、油かす主体の固形肥料と完熟堆肥をたっぷりと施して、よい土をつくることが大切です。

Q 寒冷地でも育てられる？

北海道に住んでいますが、イチジクを育てることはできますか。

A

北海道では庭植えは無理ですが、鉢植えにすれば栽培可能です。春から秋は戸外で、冬は室内に取り込みます。ただし、暖房の入った部屋では暖かすぎて芽が伸び出してしまうので、凍らない程度の温度の場所で管理します。

東北地方南部であれば、耐寒性の強い品種を選べば、庭植えでも栽培可能です。耐寒性の強い品種としては、'ゼブラ・スイート'、'セレスト'、'ブラウン・ターキー'、'ブリジアソット・グリース'、'蓬莱柿（早生日本種）'、'ホワイト・ゼノア'などがあげられます。

Q 木を小さくしたい

大きくなりすぎて、収穫するのさえ大変になったイチジクがあります。小さくしたいのですが、どのように切ったらよいでしょうか。

A

イチジクは萌芽力が強いので、幹をバッサリと切っても枯れることなく、切ったた付近からたくさん新芽が伸び出します。しかし、だからといって一気に好みの高さで幹を切ってしまうと、木が暴れてその後の枝づくりが大変になり、なかなかよい樹形にできません。
大きくなりすぎた木は、枝を寝かせて、わき芽が伸びてきてから切り戻す、ということを繰り返して、徐々に小さくしていきましょう。

イチジクは品種によって木の大きさに差がある。木を大きくしたくないときは、初めから大きくなりにくい品種を選ぼう。成木になっても高さ1mほどに収まる‘ホワイトイスキア’（右）。毎年剪定していても人の背丈をはるかに超える‘ドウロウ’（左）。

Q ひこばえばかり伸びてくる

鉢植えのイチジクが、ひこばえばかり伸びて、枝があまり伸びません。なぜでしょう。出なくする方法はありますか。

A ひこばえは、根元から伸び出す枝のことです。イチジクにはひこばえが出やすい品種があります。‘カドタ’、‘シュガー’、‘ブラウン・ターキー’、‘ブランズ・ウイック’、‘ホワイト・ゼノア’などがあげられます。ひこばえは樹形を乱し、必要な枝にいくべき栄養を奪うので、見つけしだい、つけ根から切り取ります。

また、ひこばえは、土が弱っていると出やすくなります。冬に寒肥として、油かす主体の固形肥料と完熟堆肥をたっぷりと施して、弱った土を元気に回復させましょう。

イチジクが入手できる種苗会社

園芸ネット	☎ 03-5458-8965 Fax 03-5458-8858 http://www.engei.net/
サカタのタネ 通信販売部	〒224-0041　横浜市都筑区仲町台2-7-1 ☎ 045-945-8824 Fax 0120-39-8716 http://sakata-netshop.com
タキイ種苗 通販係	〒600-8686　京都市下京区梅小路通猪熊東入 ☎ 075-365-0140 Fax 075-344-6707 http://shop.takii.co.jp
八草園《はっそうえん》	〒956-0045　新潟県新潟市秋葉区子成場491 ☎ 0250-22-5452

大森直樹（おおもり・なおき）

1958年生まれ。岡山県で果樹苗専門ナーセリーを経営。果樹栽培を家庭で楽しむための育て方や品種などを日々研究している。特にイチジクに関しては毎年のように品種の研究のため海外に赴き、それぞれの果実の味や成長の特性にも造詣が深い。著書に『鉢で育てる果樹』（小社刊）など多数。

デザイン
　海象社（前原博）
イラスト
　江口あけみ
写真撮影
　伊藤善規
写真提供・協力
　タキイ種苗
　山陽農園
　大西良美
　岡山県農業総合センター病虫部
　Getty Images
校正
　安藤幹江
編集協力
　高橋尚樹

NHK趣味の園芸
よくわかる栽培12か月
イチジク

2013年8月10日　第1刷発行
2024年8月5日　第16刷発行

著　者　大森直樹

発行者　江口貴之
発行所　NHK出版
〒150-0042　東京都渋谷区宇田川町10-3
TEL 0570-009-321（問い合わせ）
0570-000-321（注文）
ホームページ　https://www.nhk-book.co.jp
印　刷　TOPPANクロレ
製　本　TOPPANクロレ

ISBN 978-4-14-040266-5 C2361
Printed in Japan